Dinosaurs
Coloring Book

Match The Shadow,
Dot to dot,
Alphabet,
Coloring,
Maze,
Math,

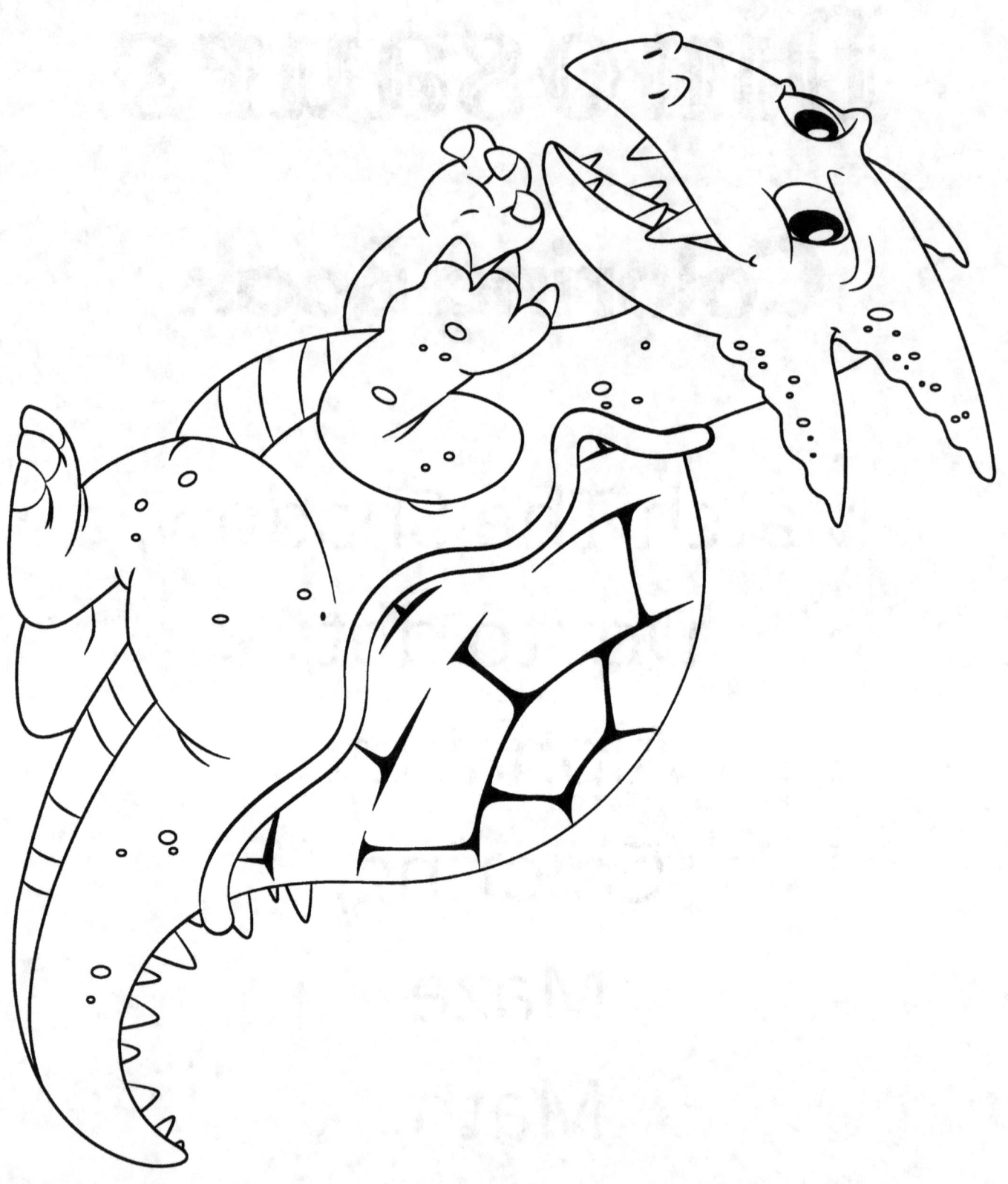

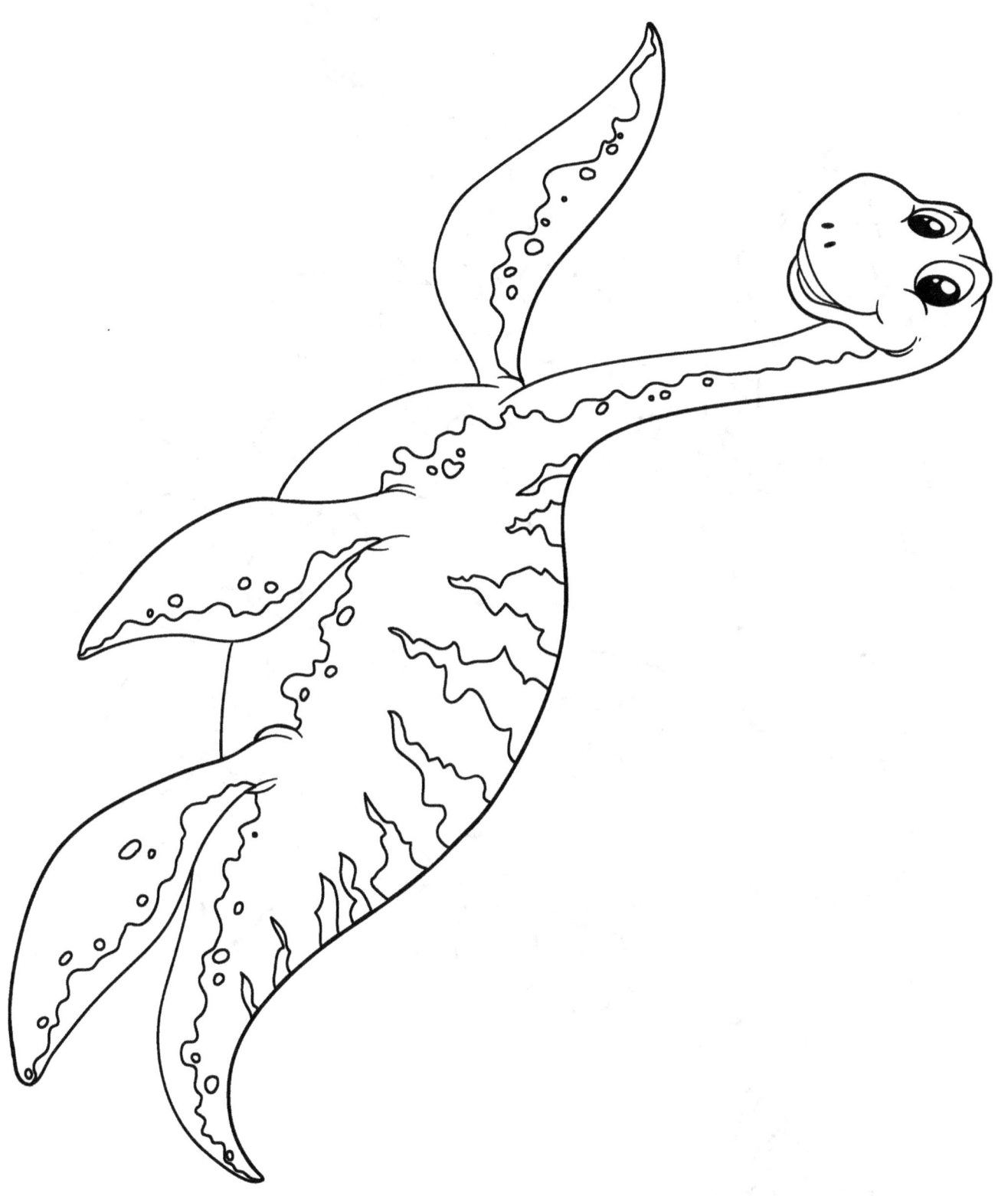

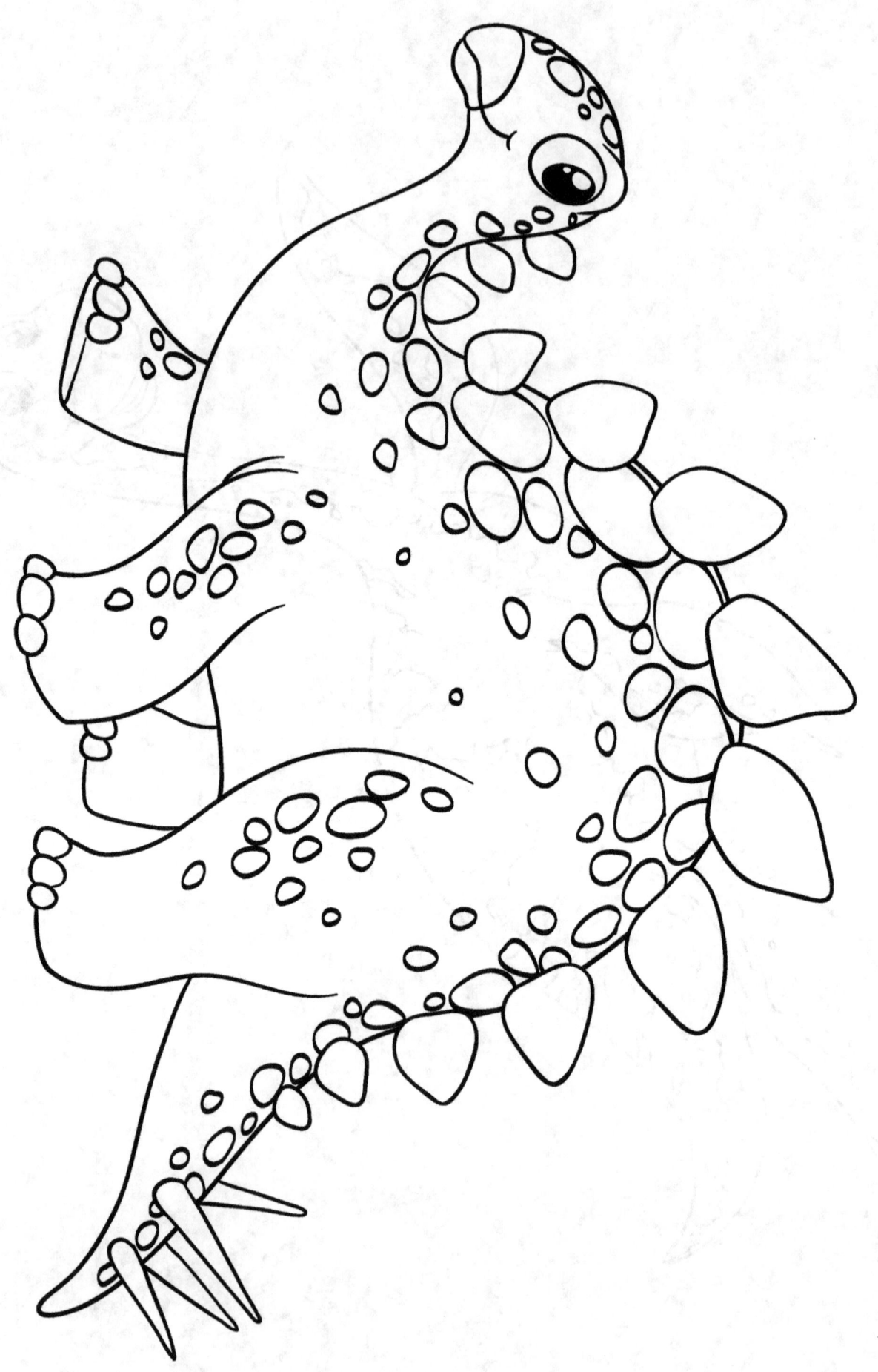

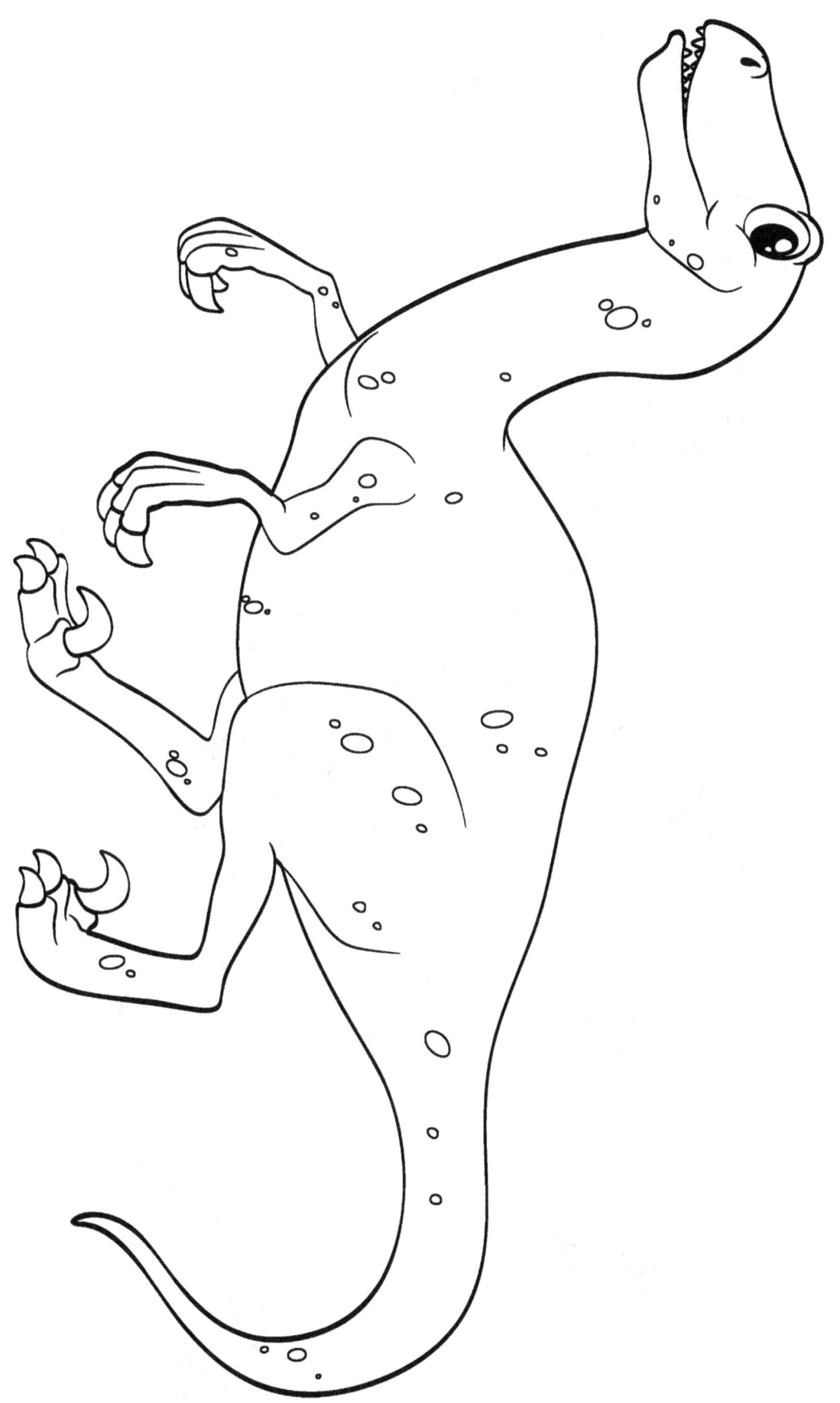

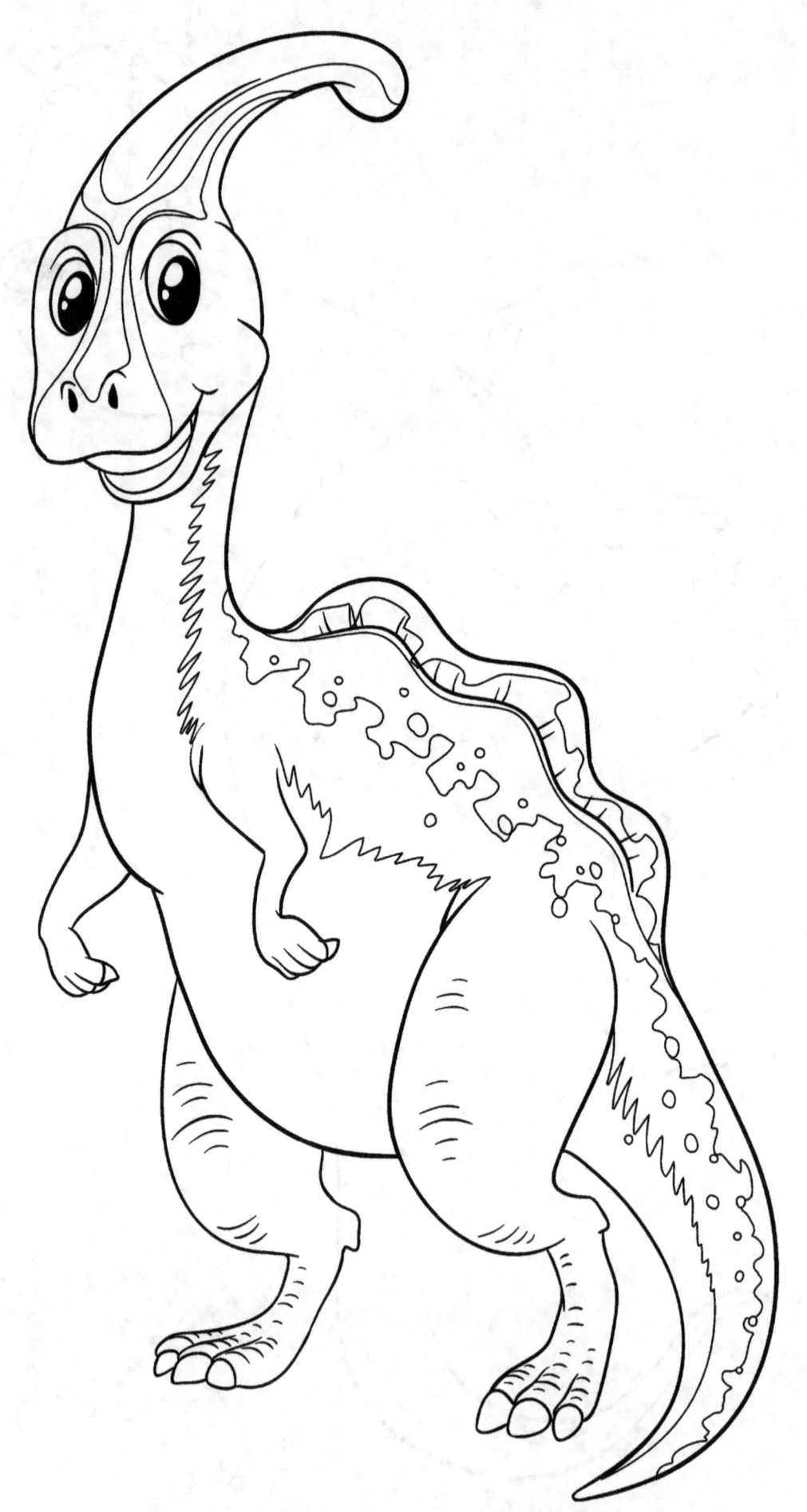

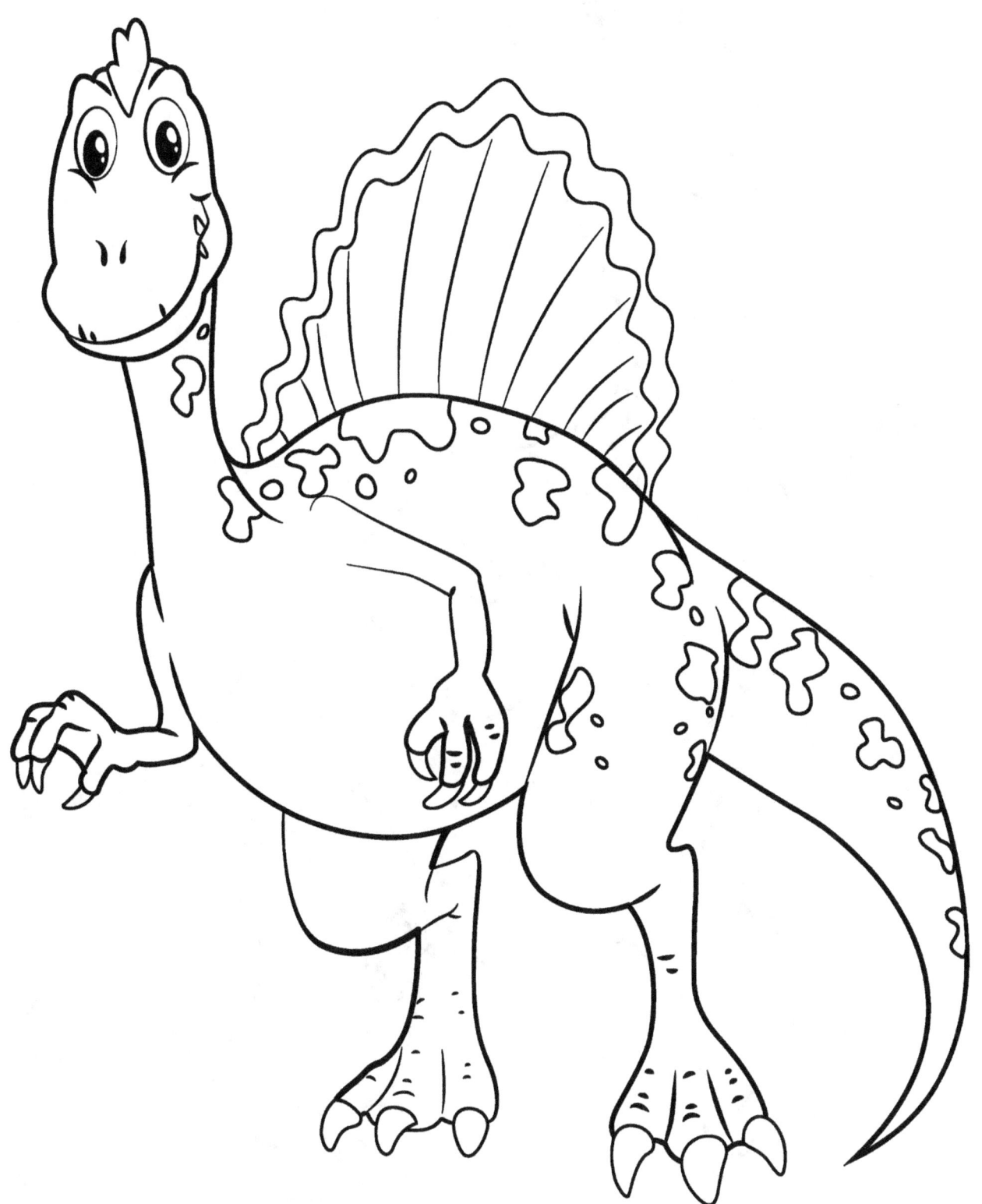

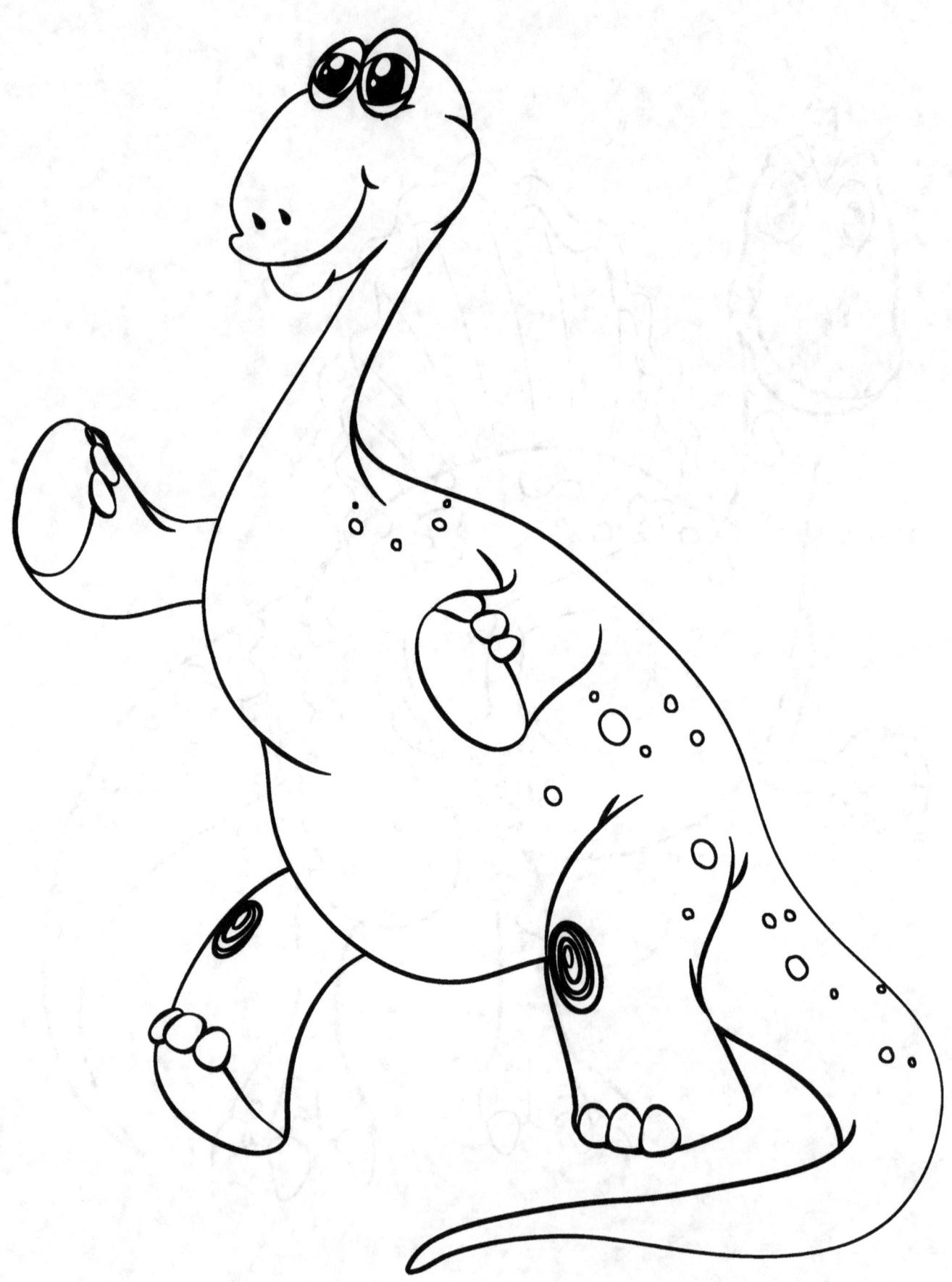

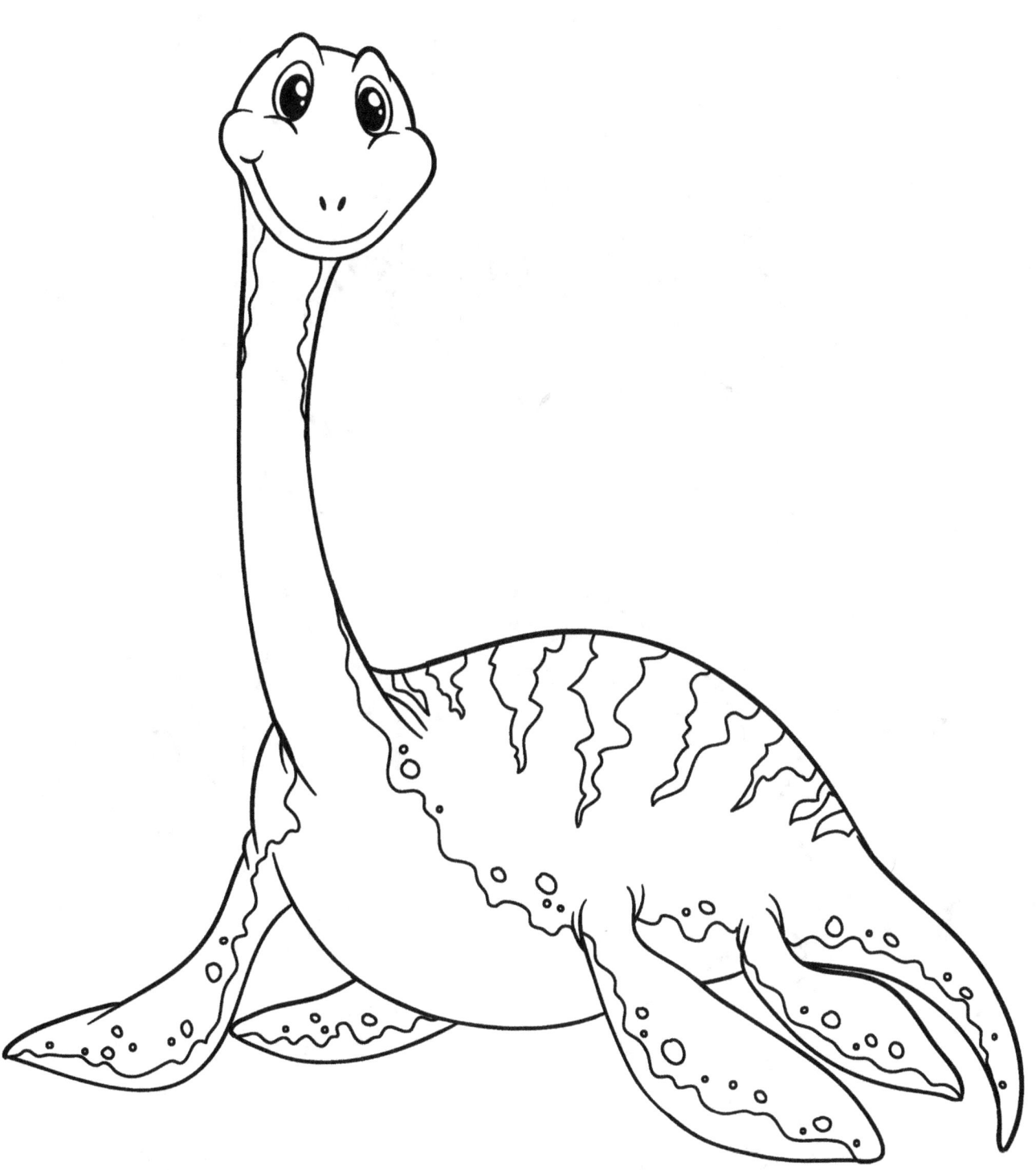

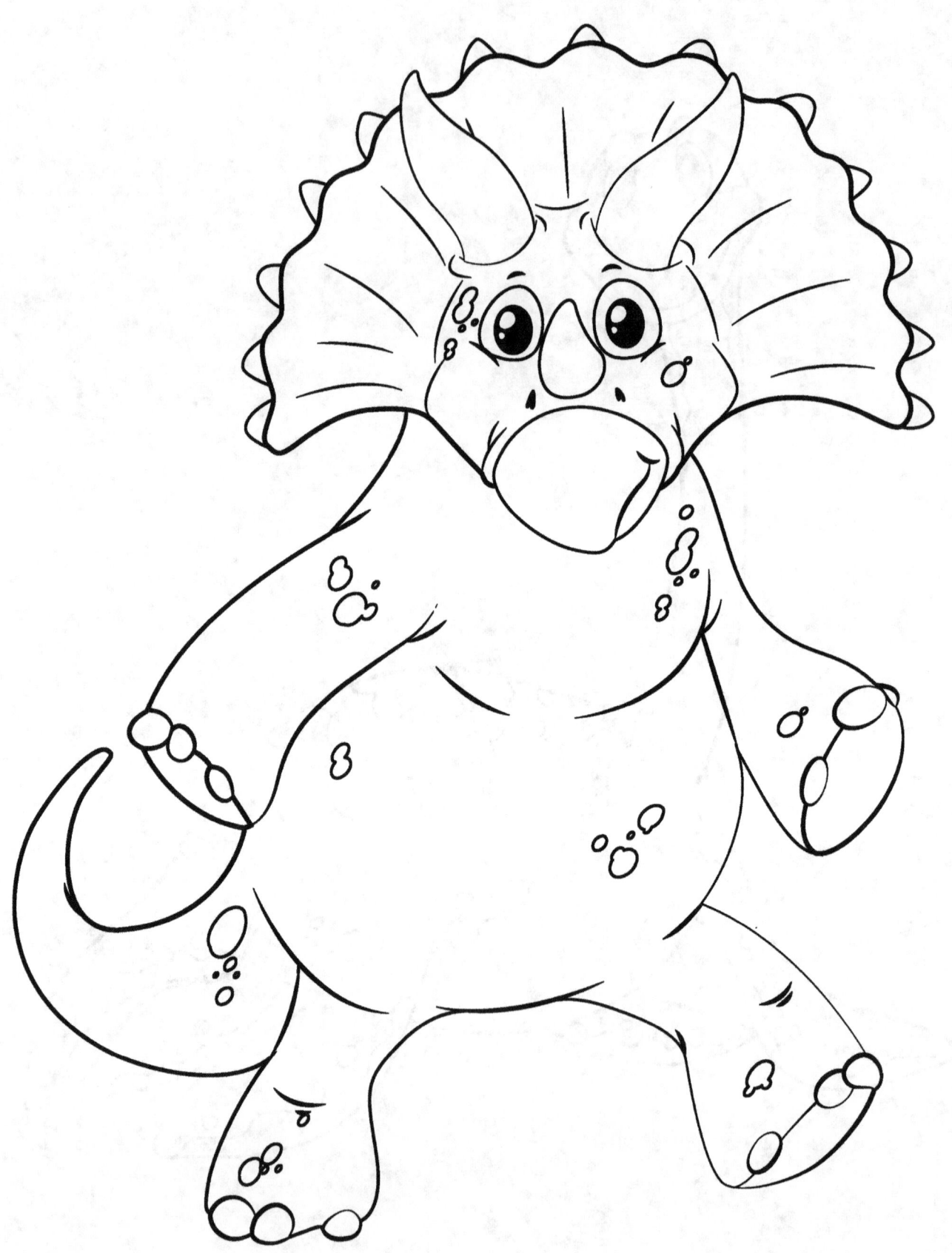

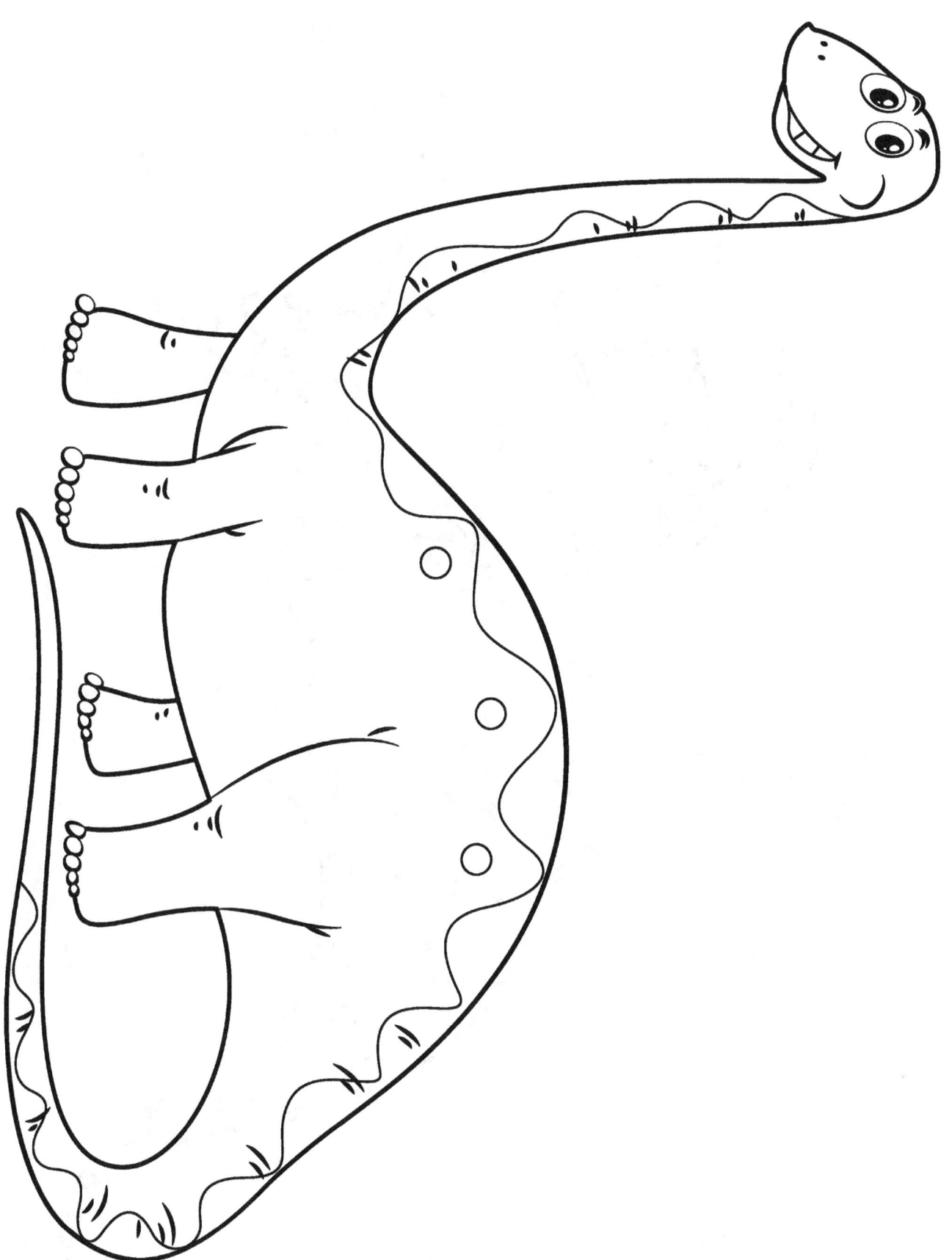

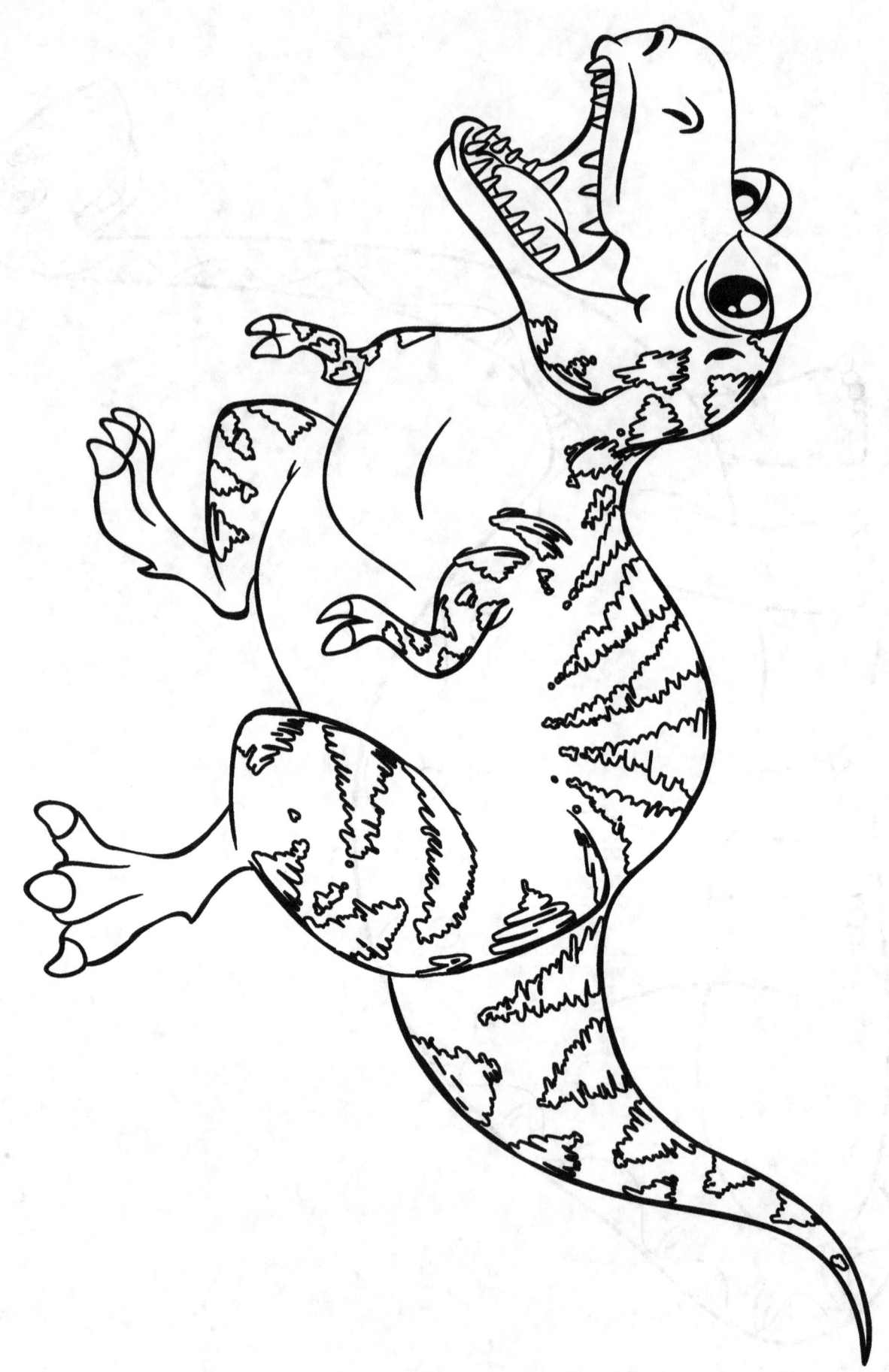

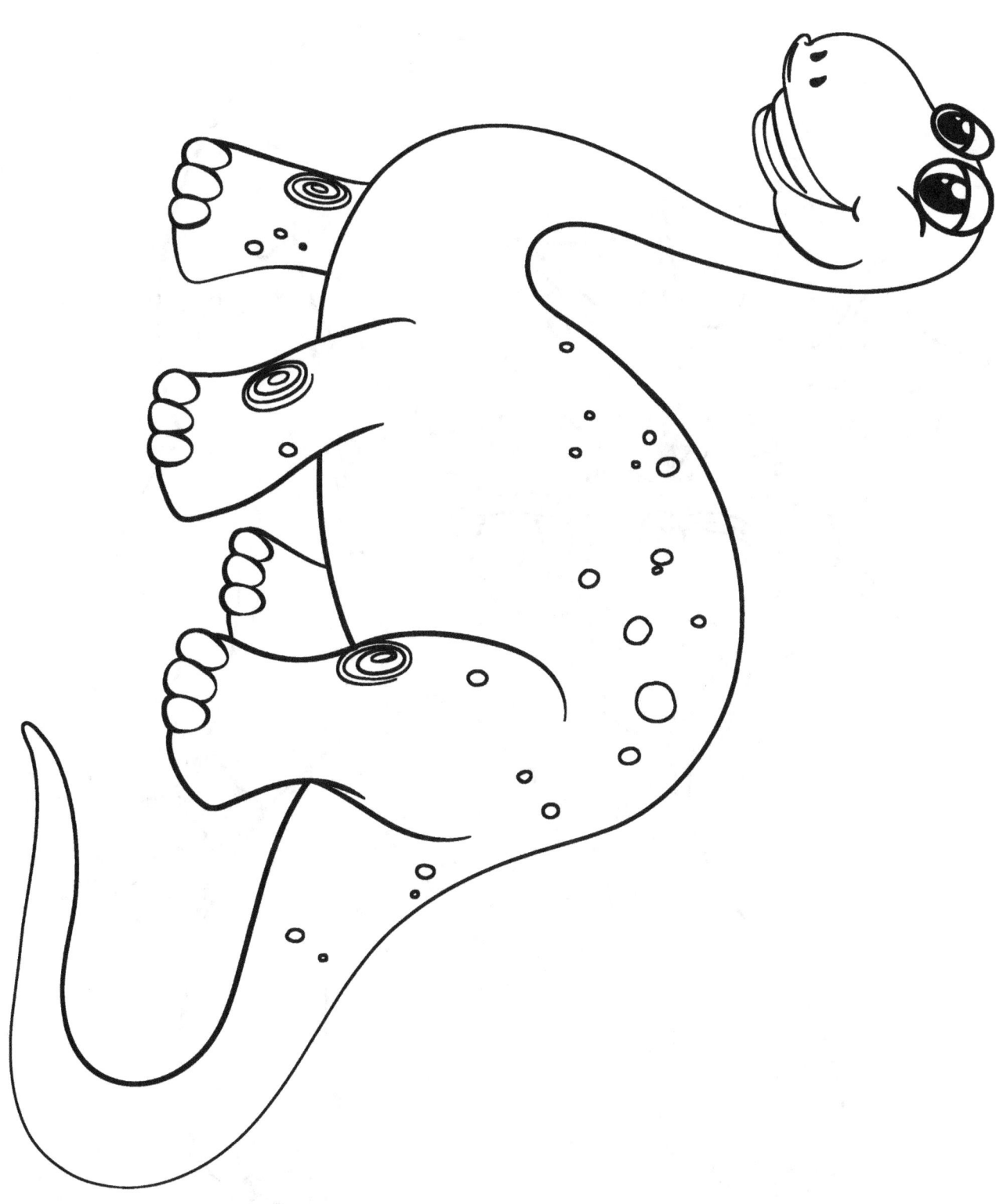

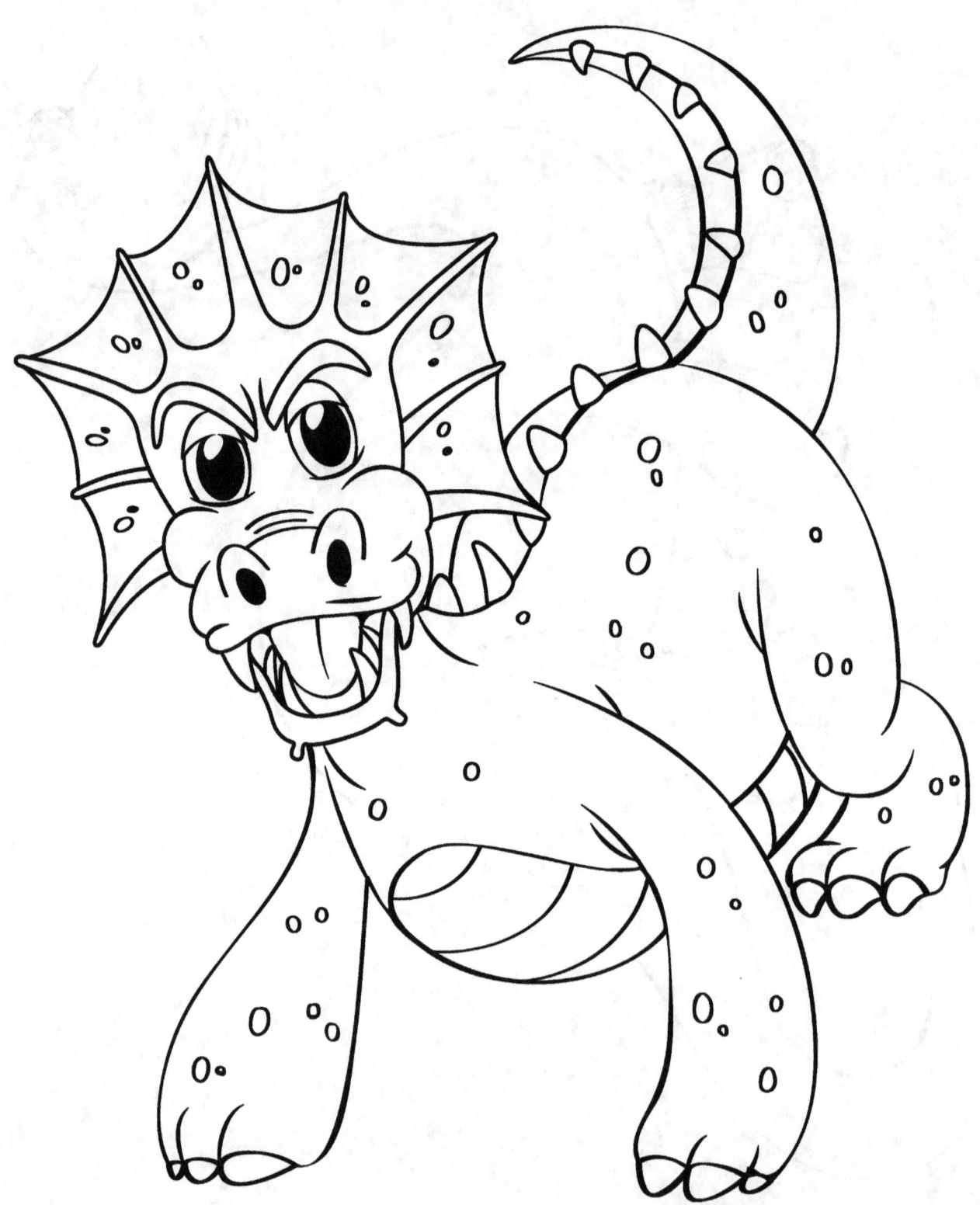

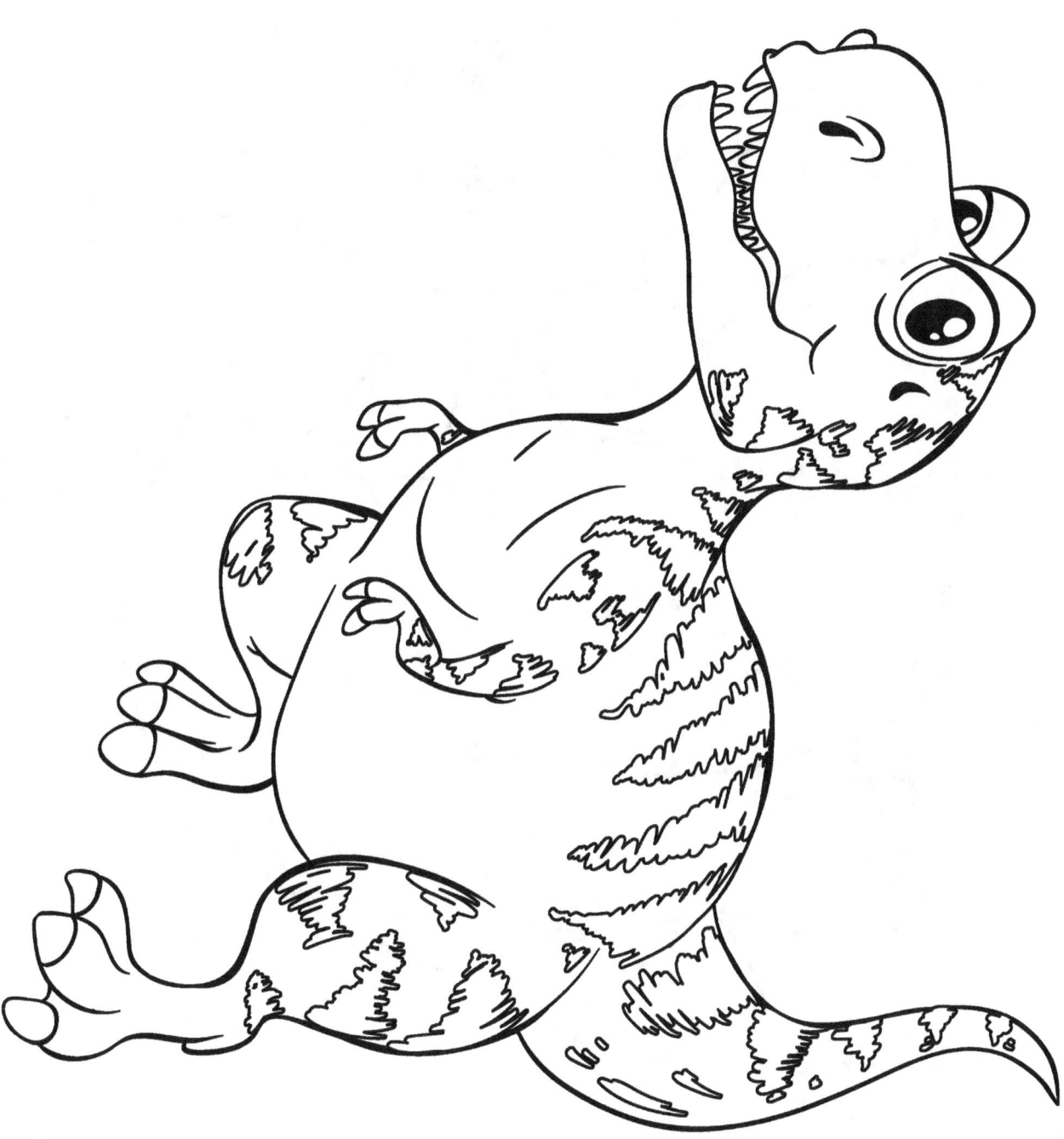

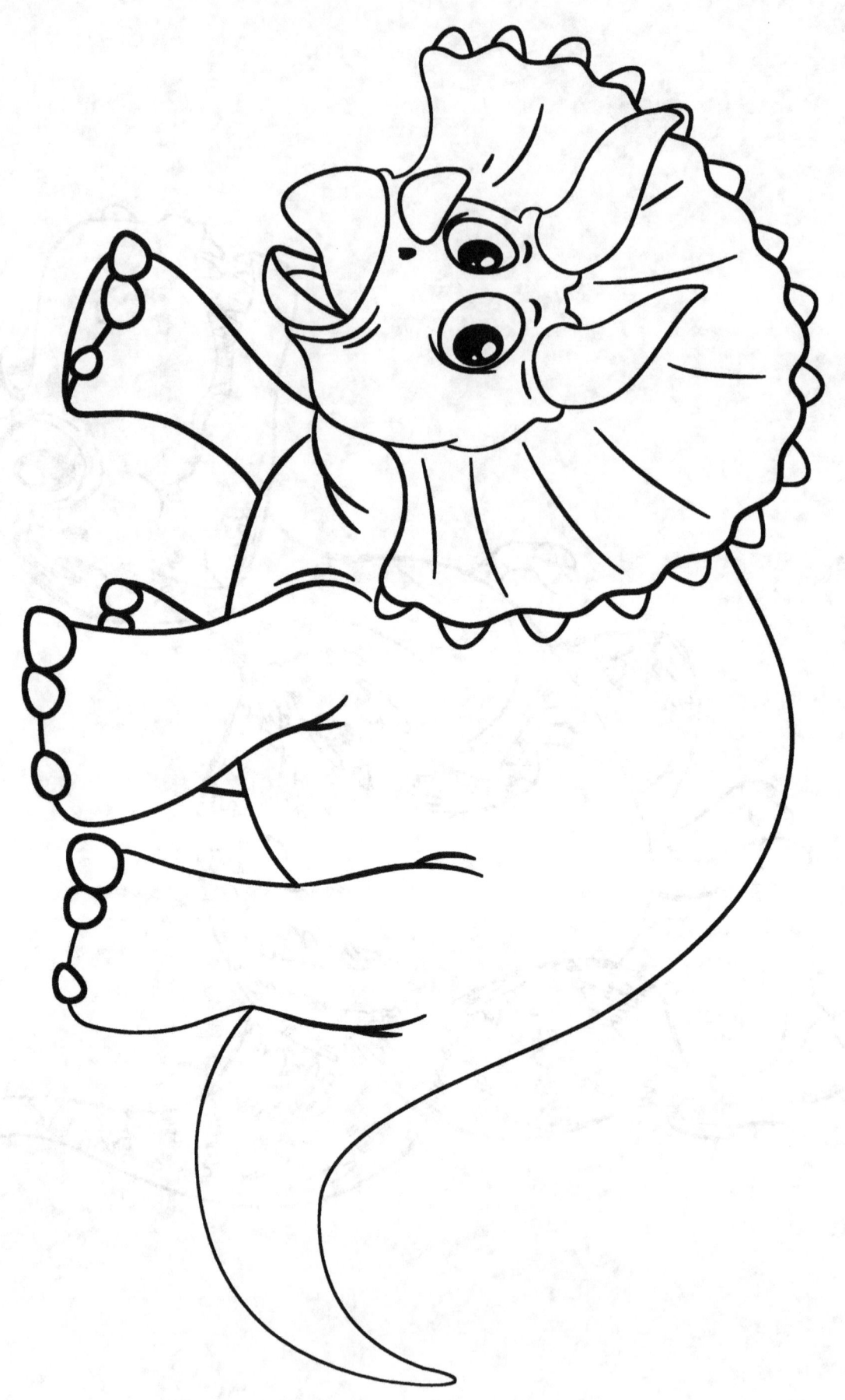

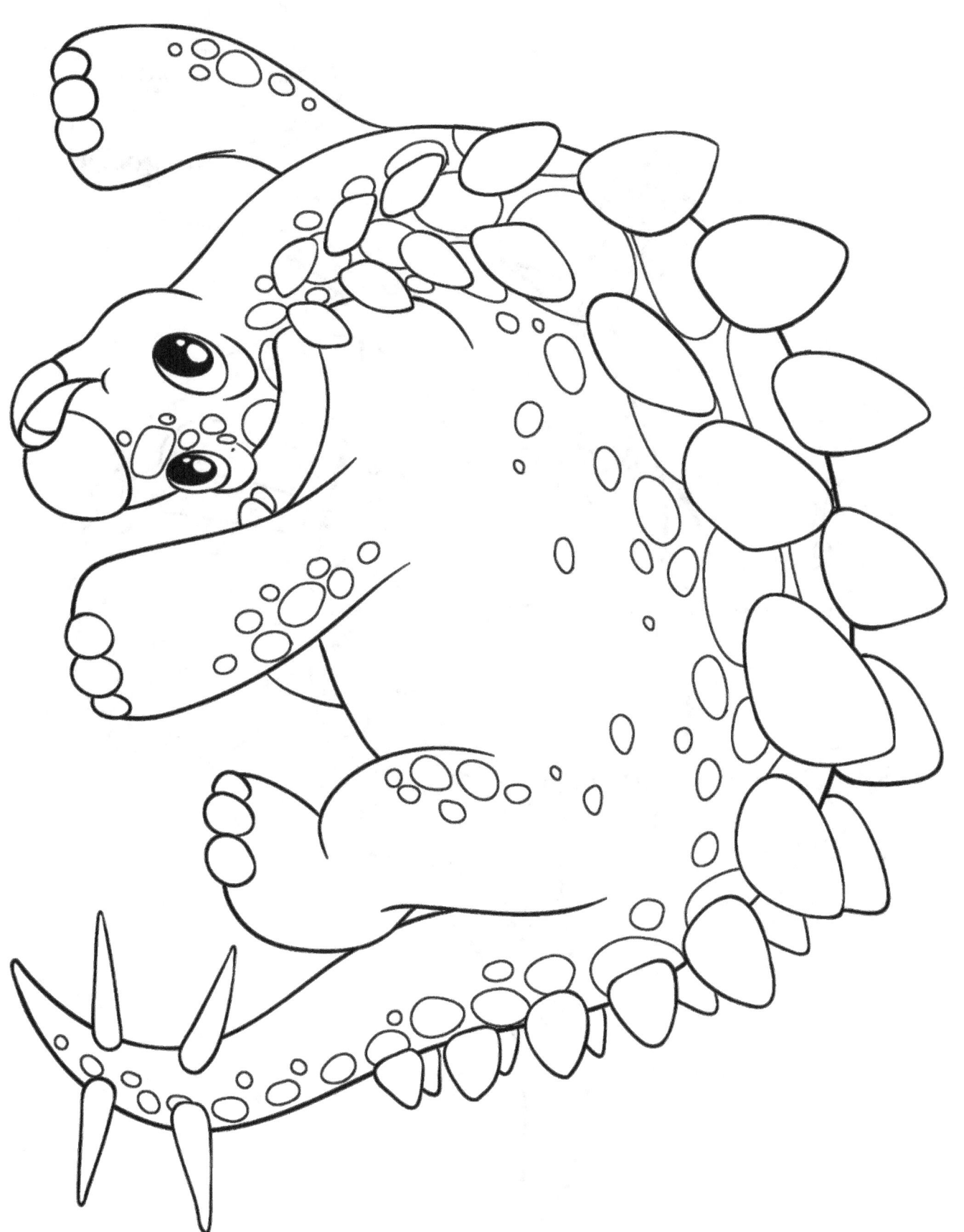

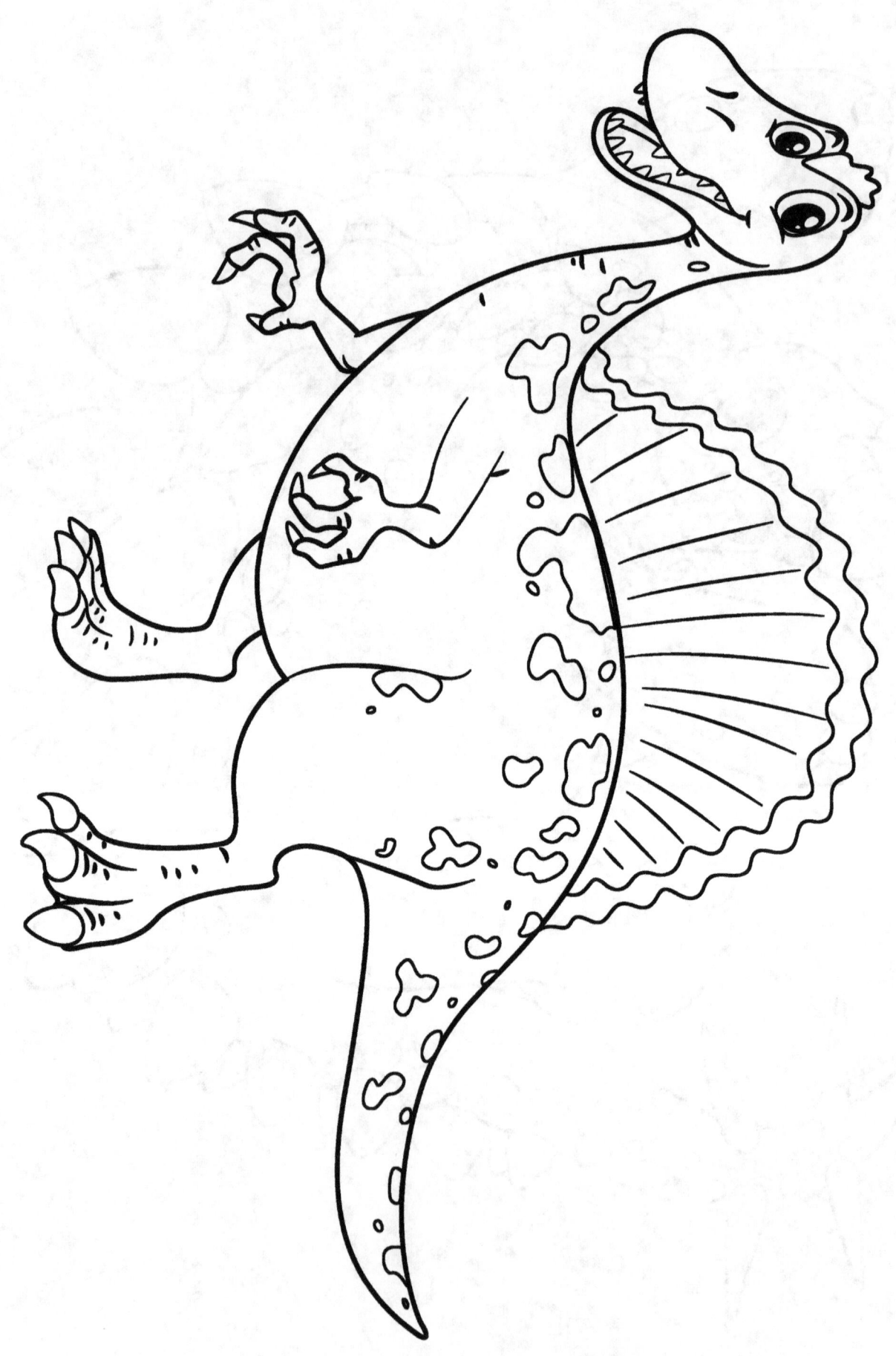

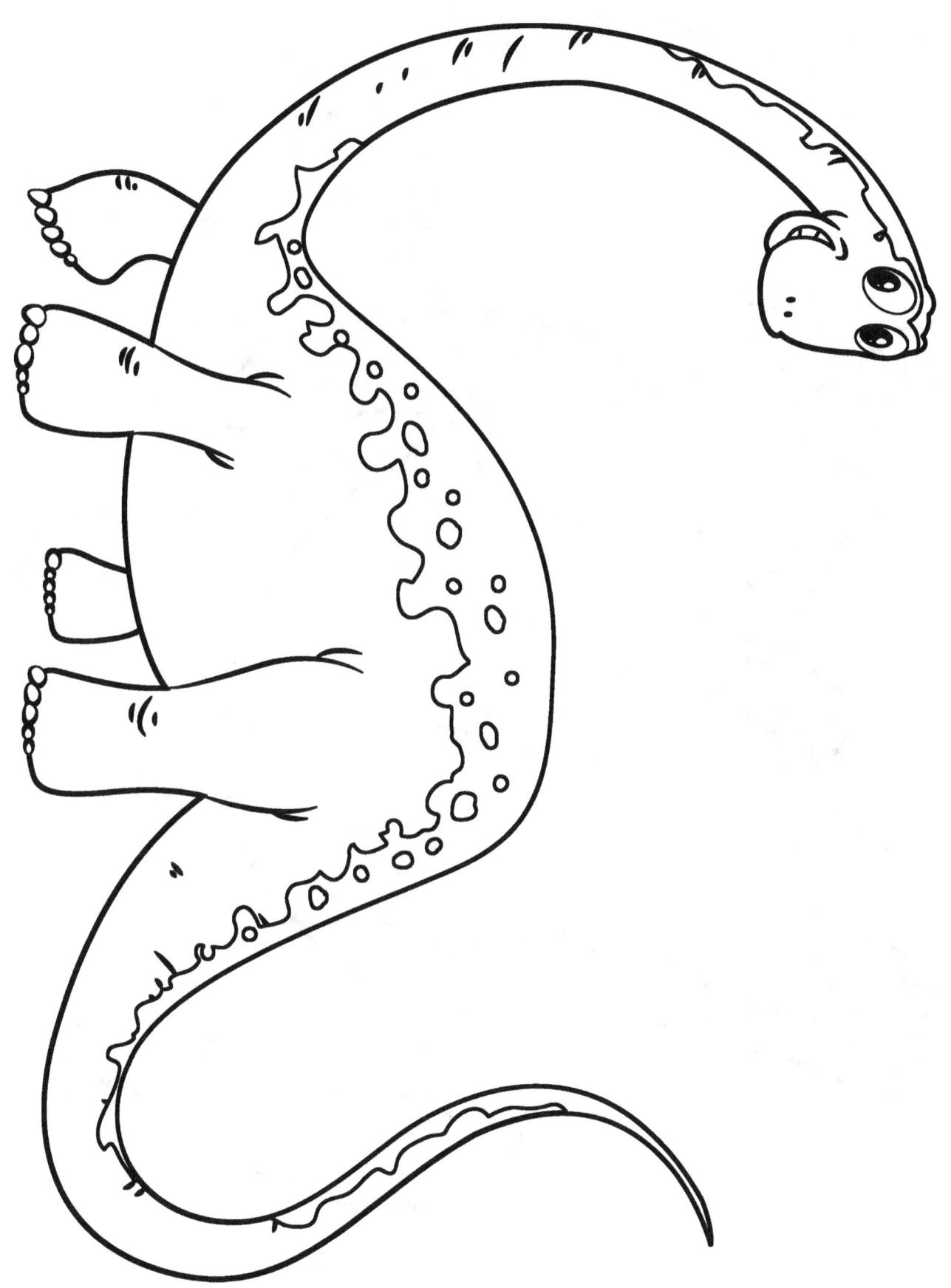

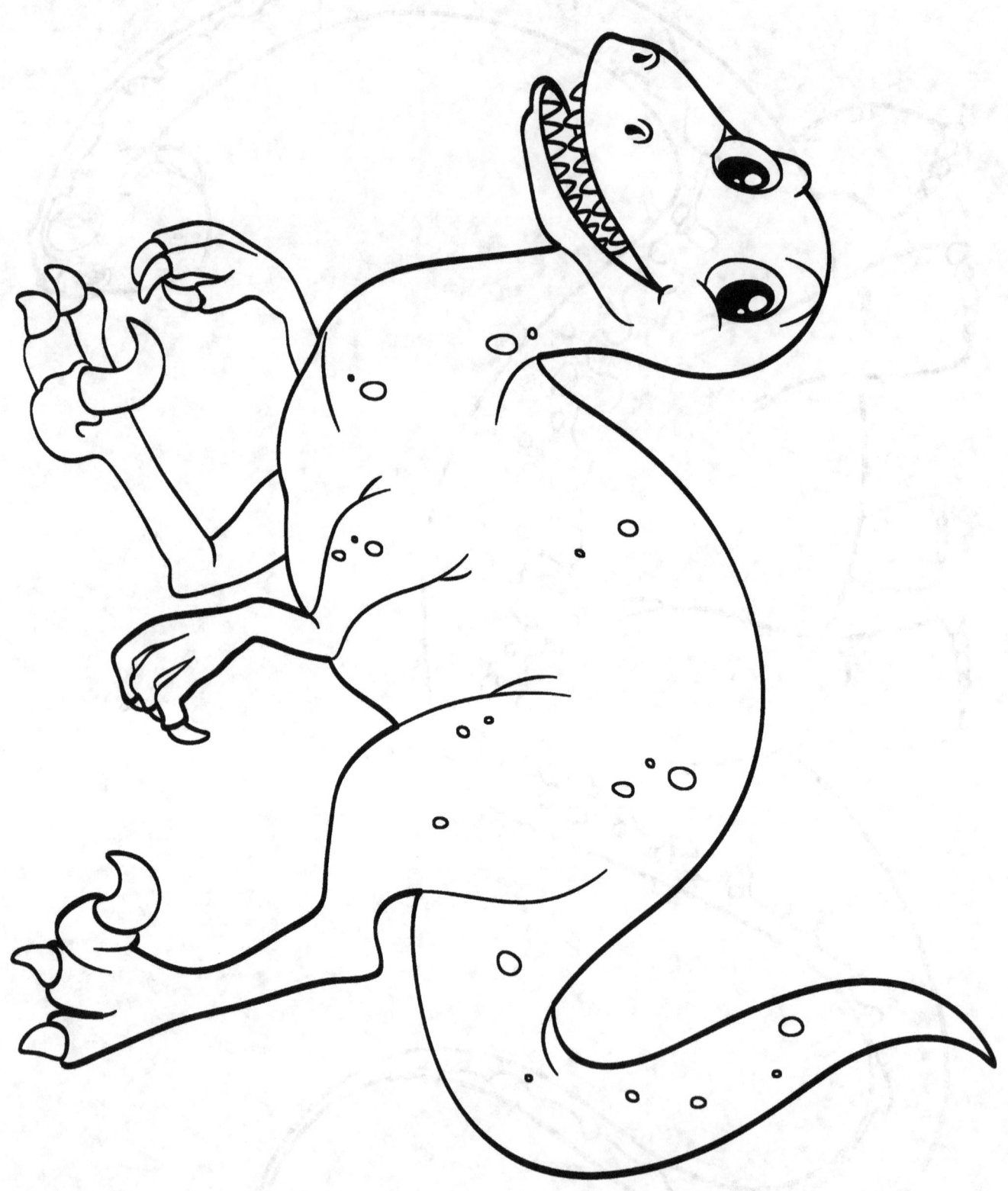

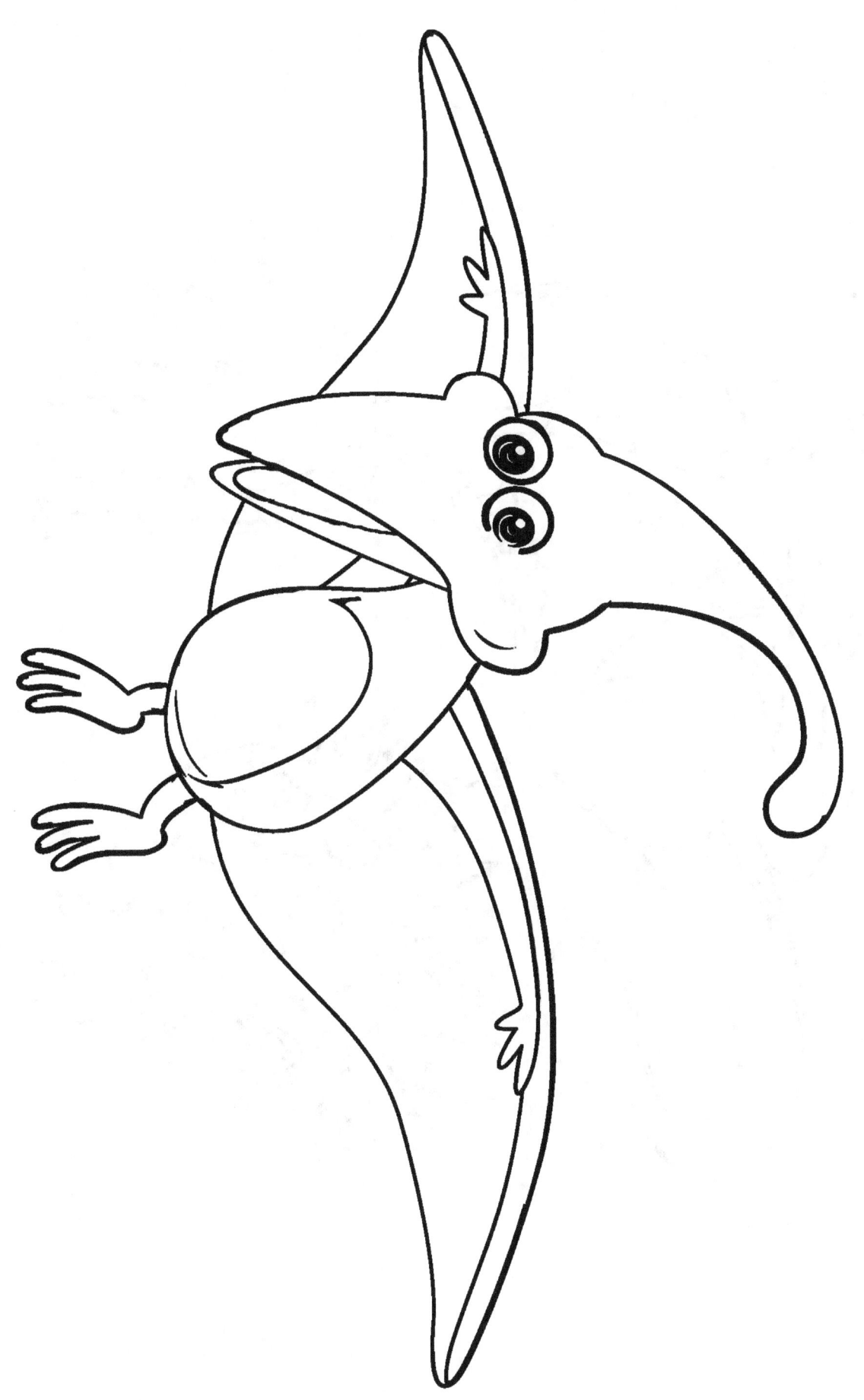

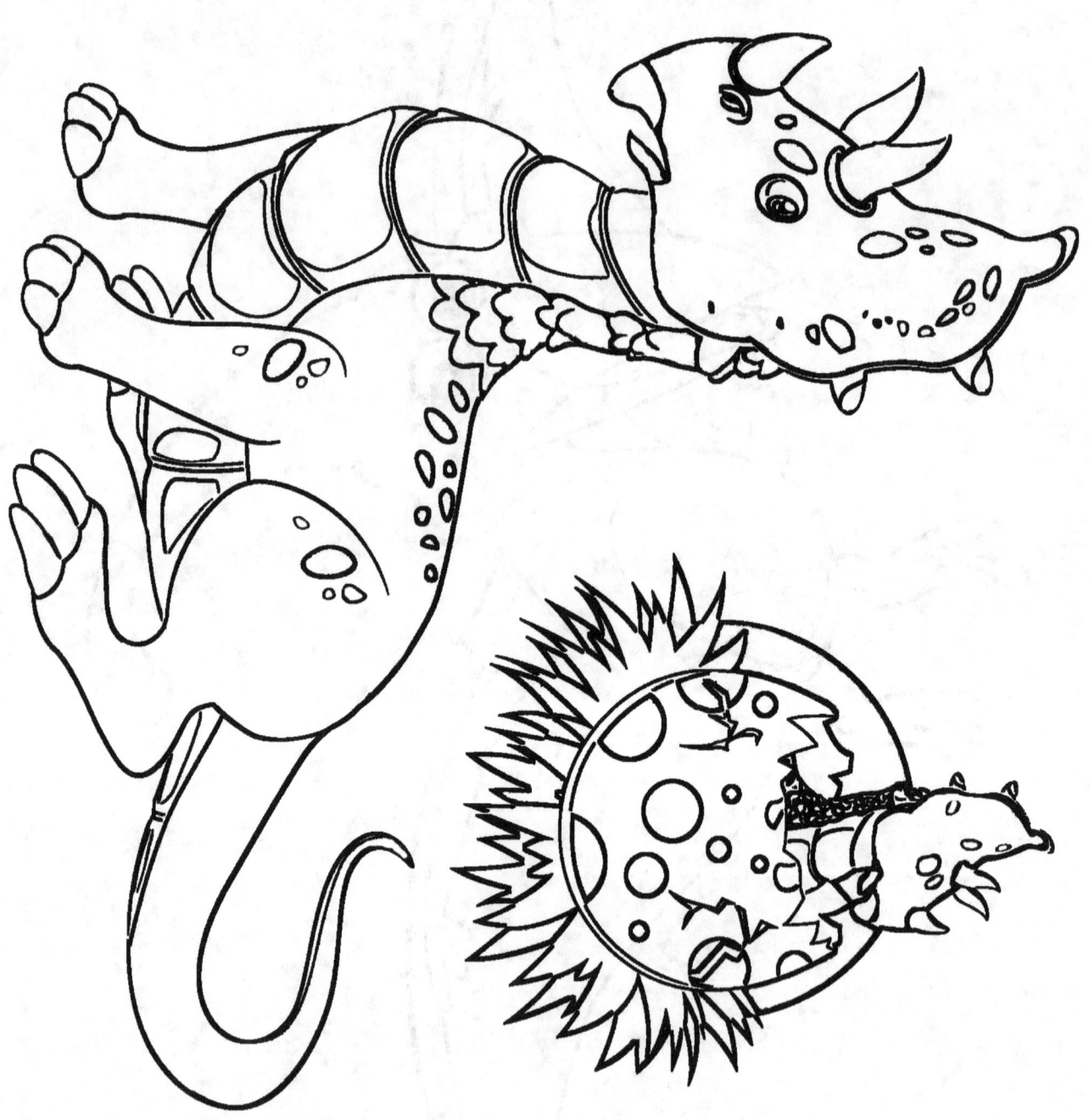

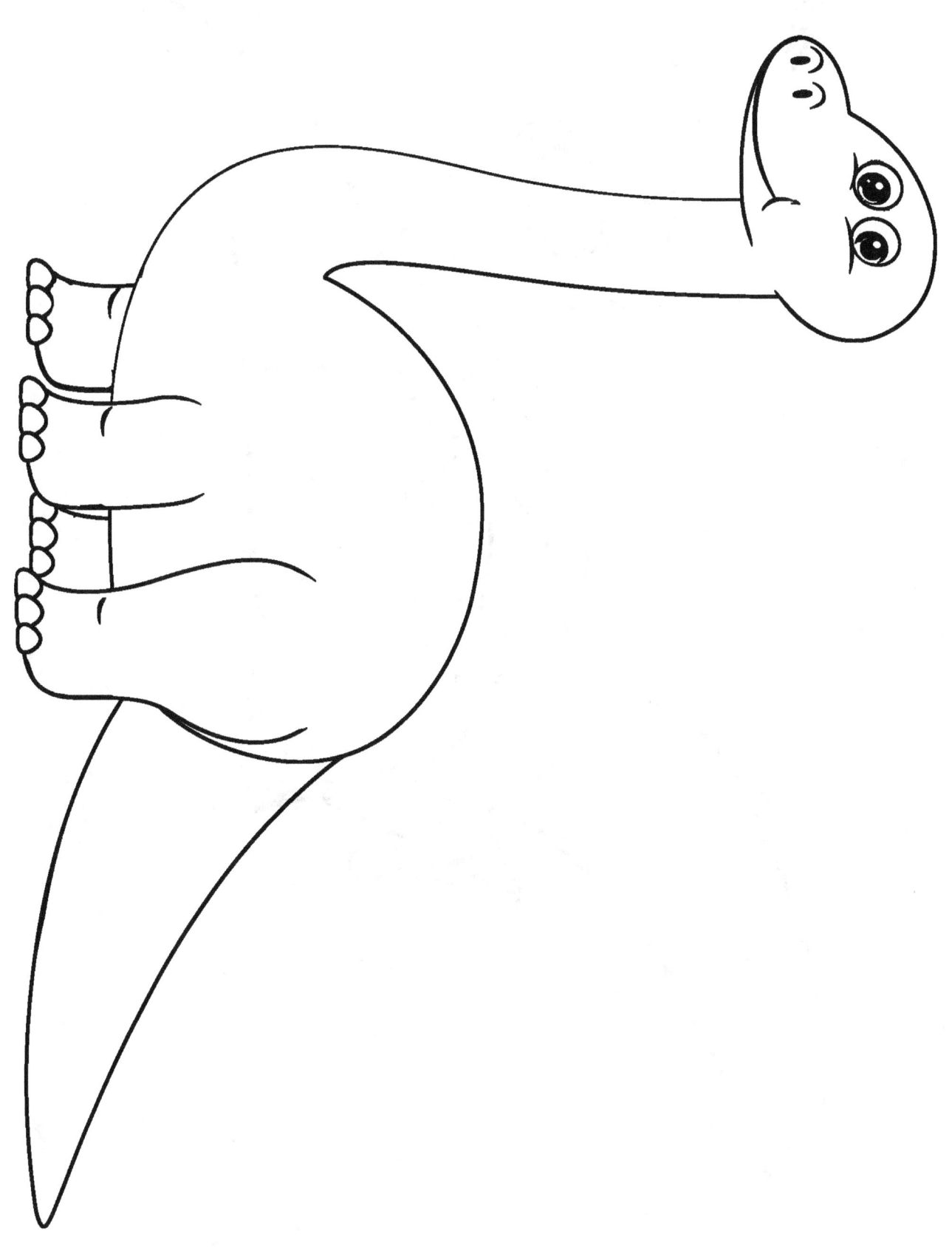

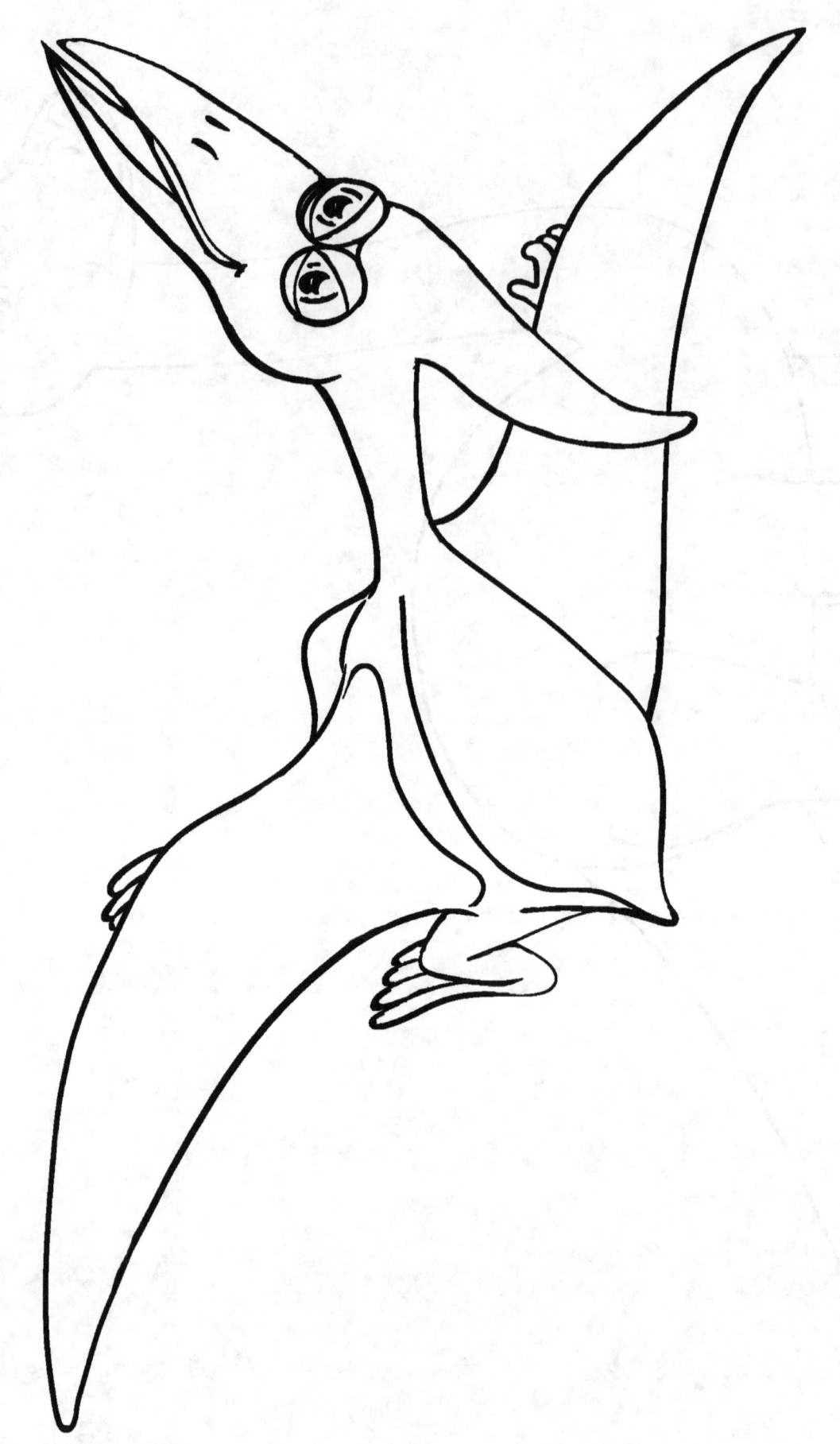

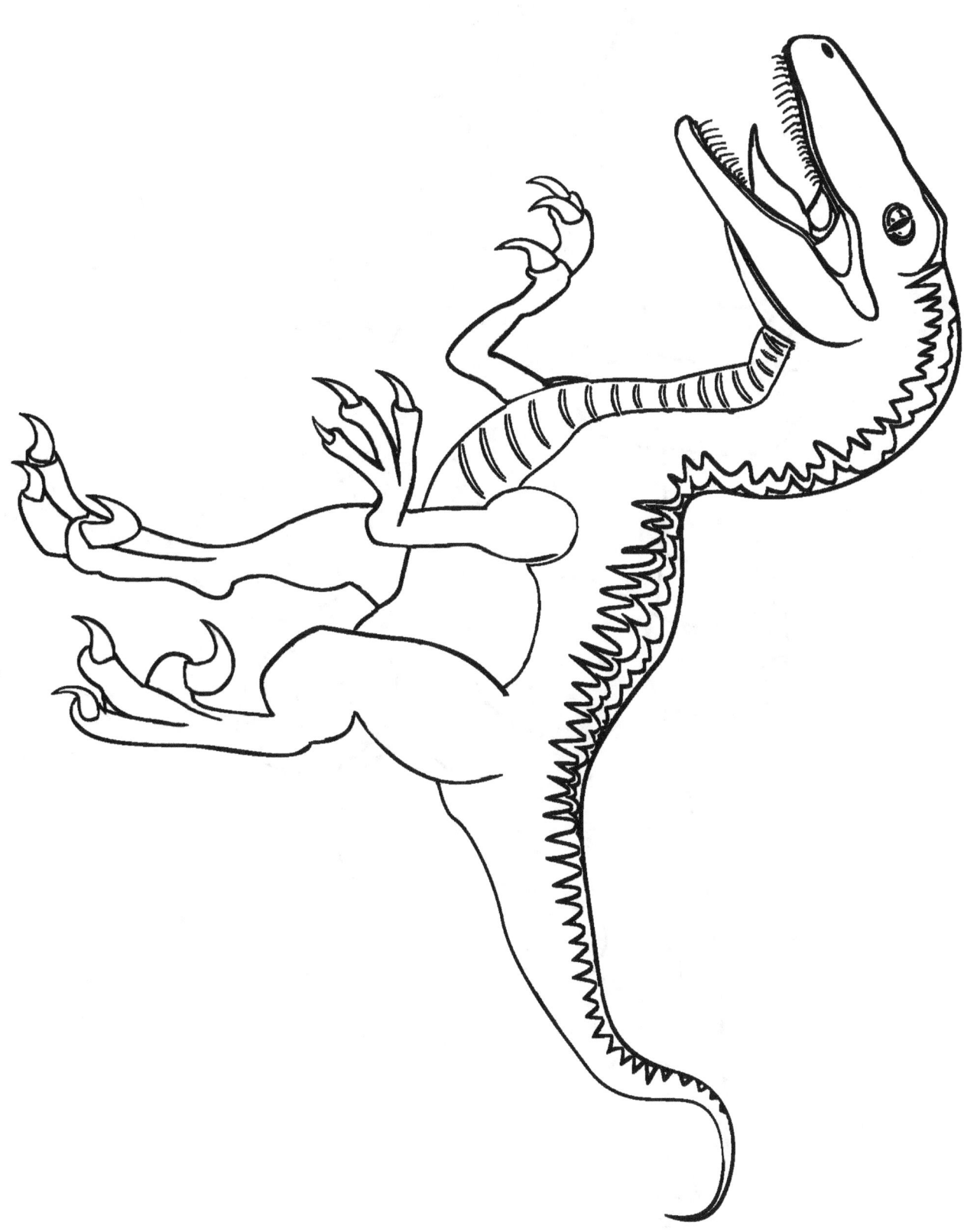

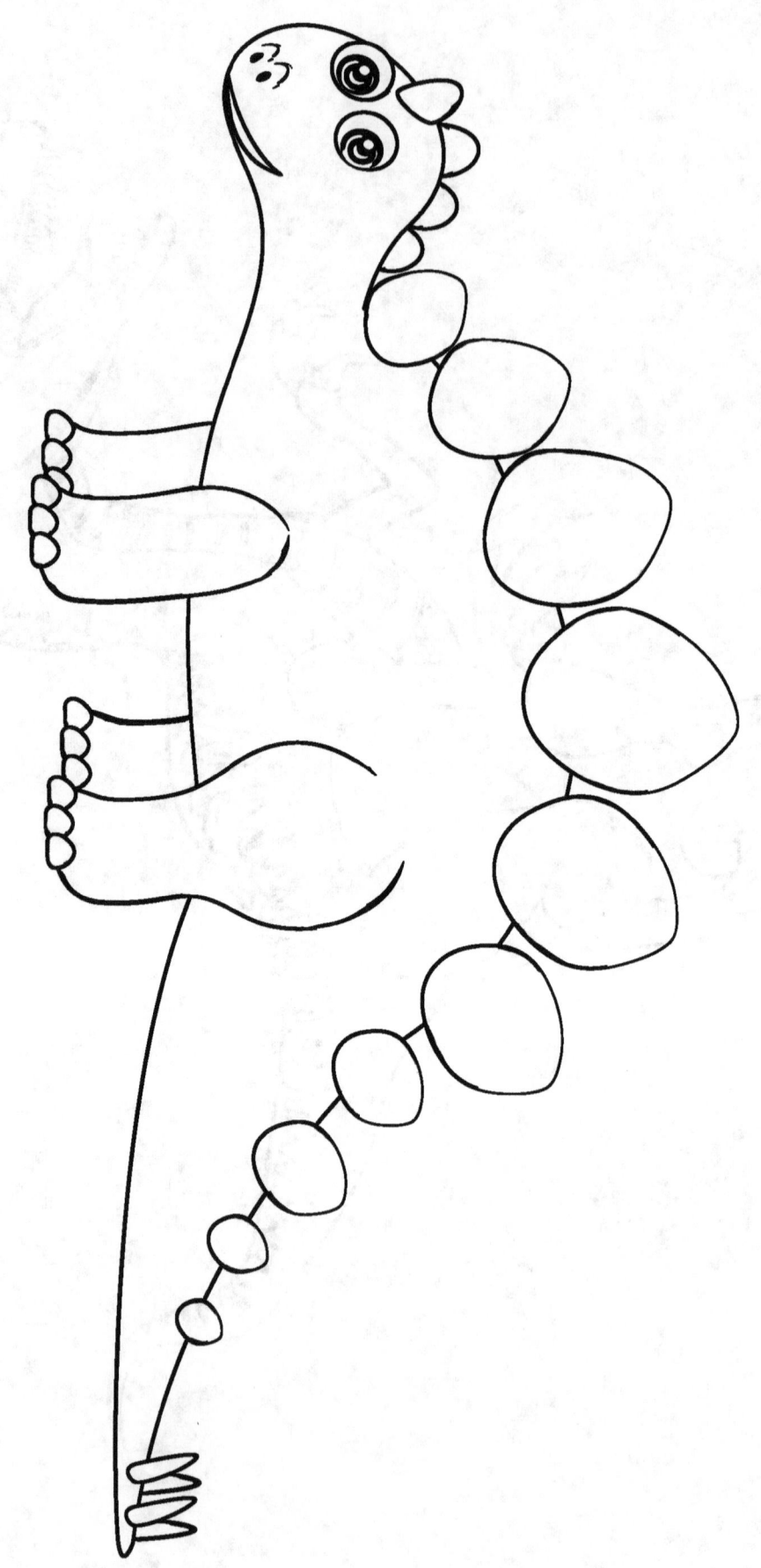

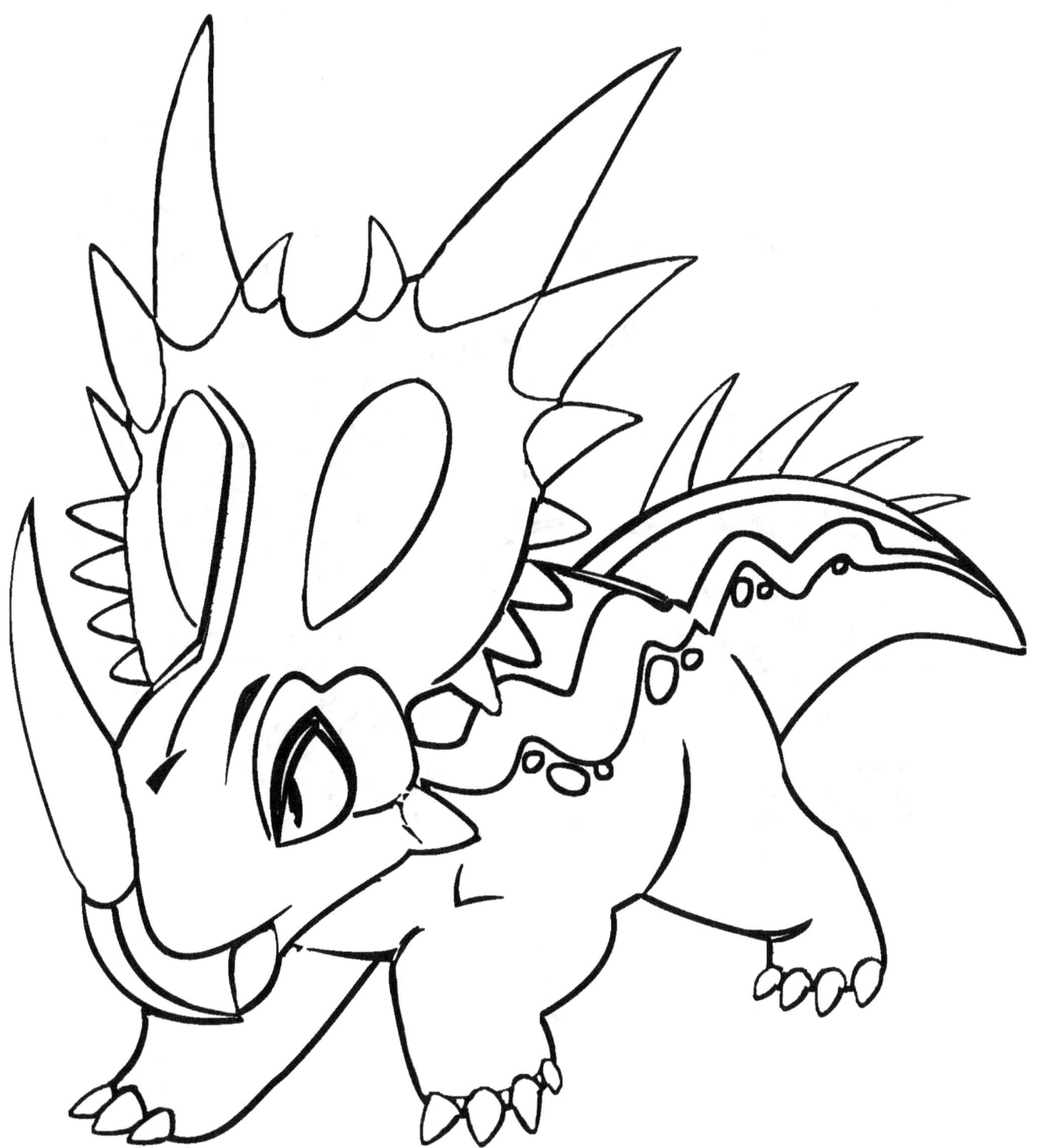

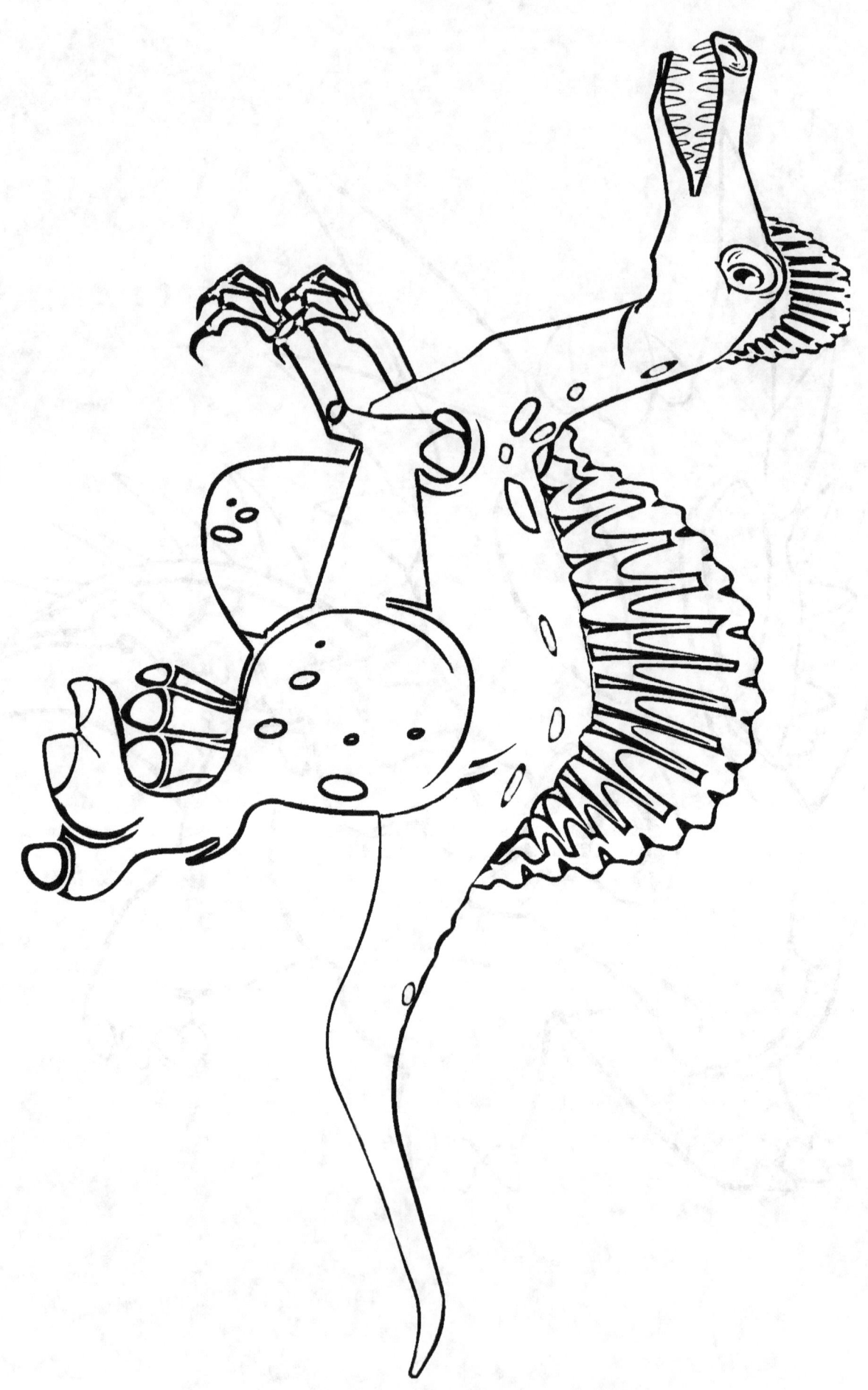

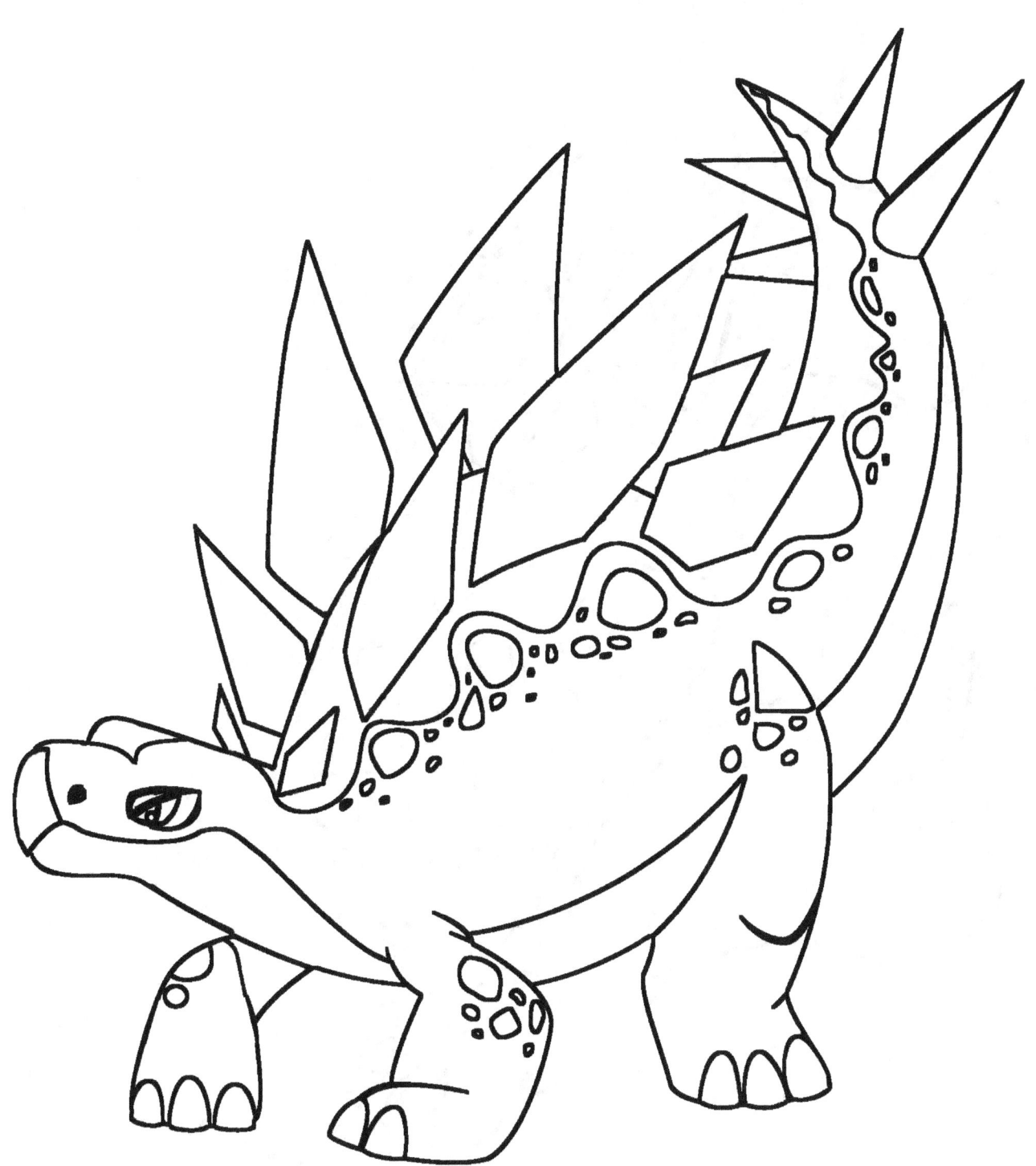

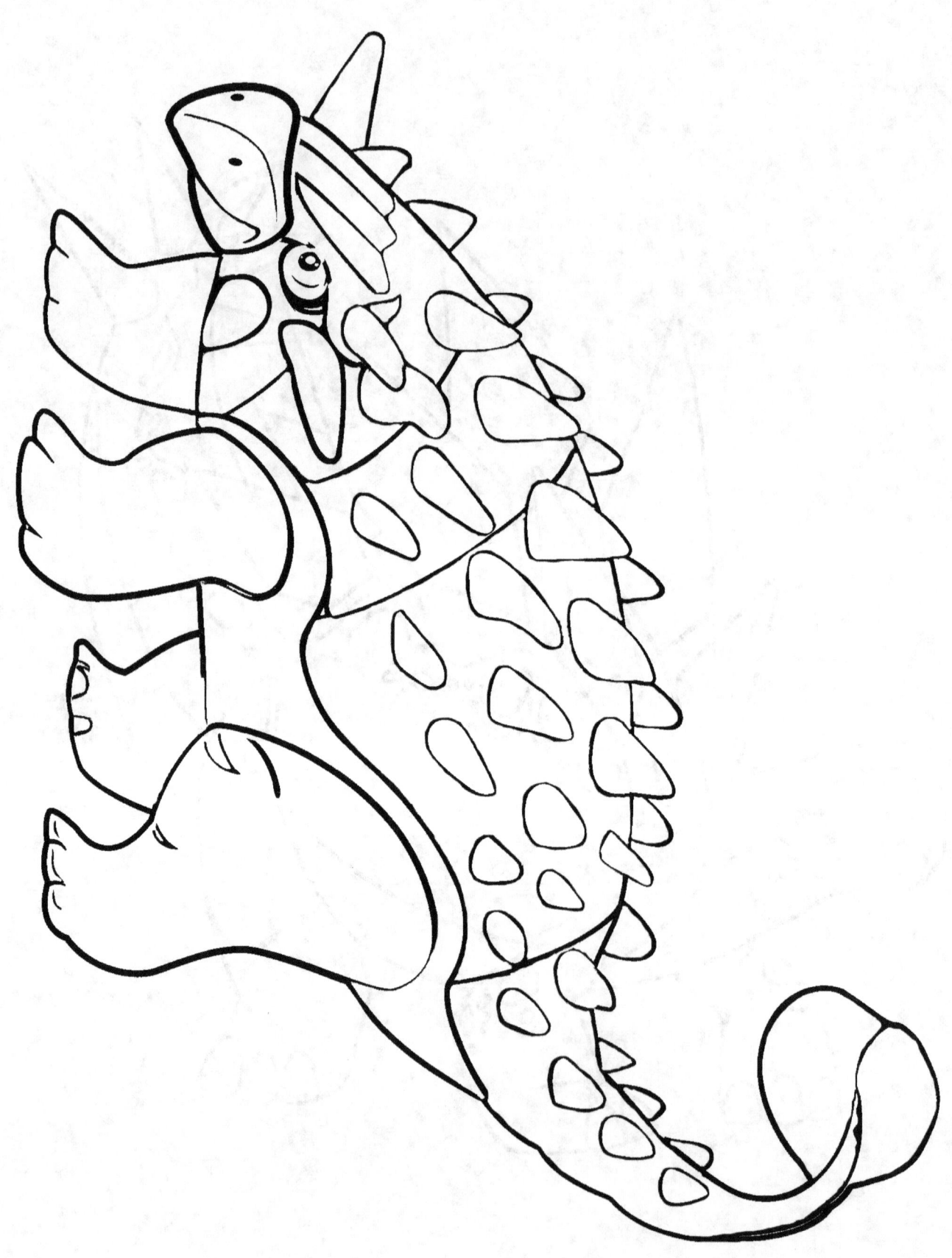

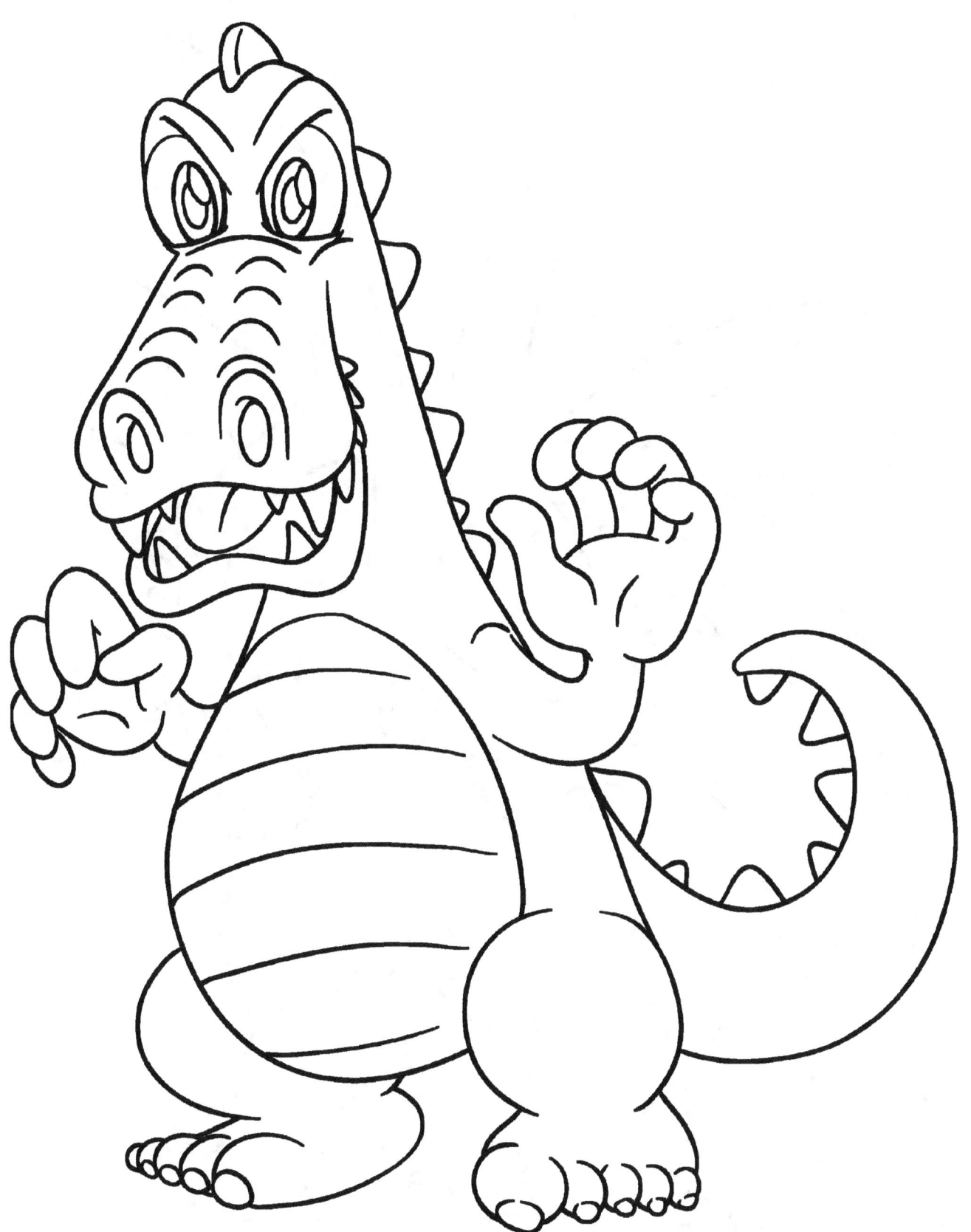

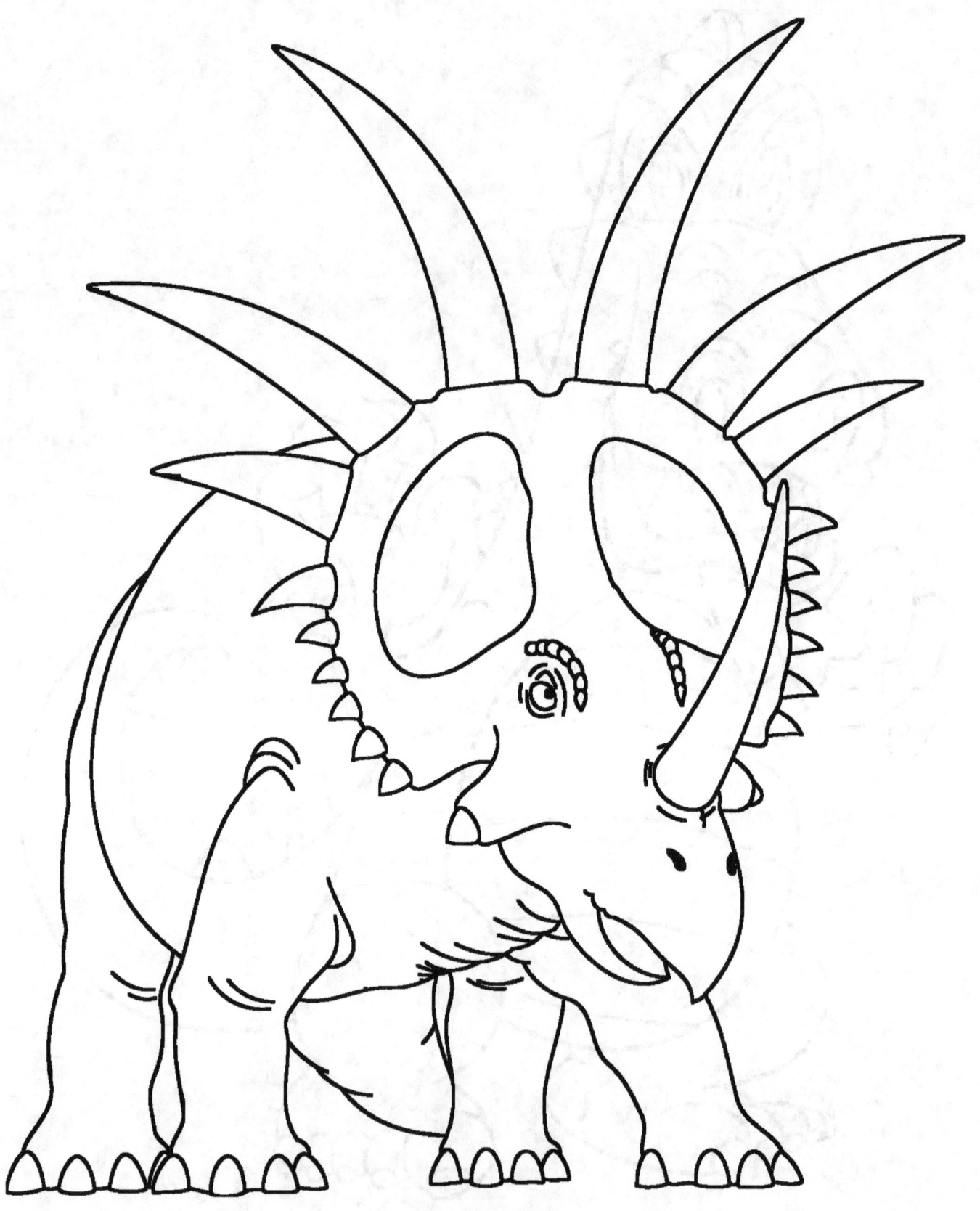

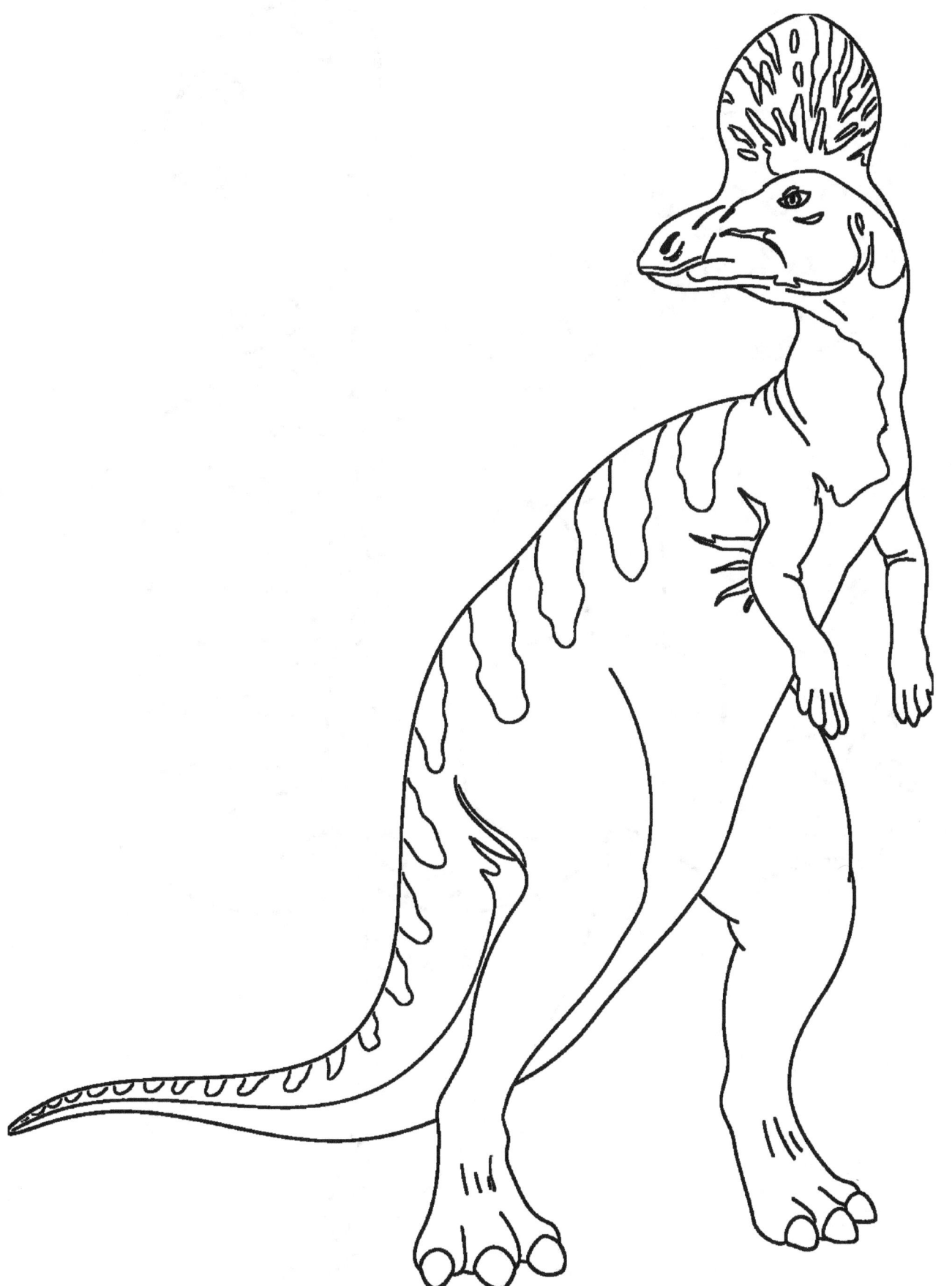

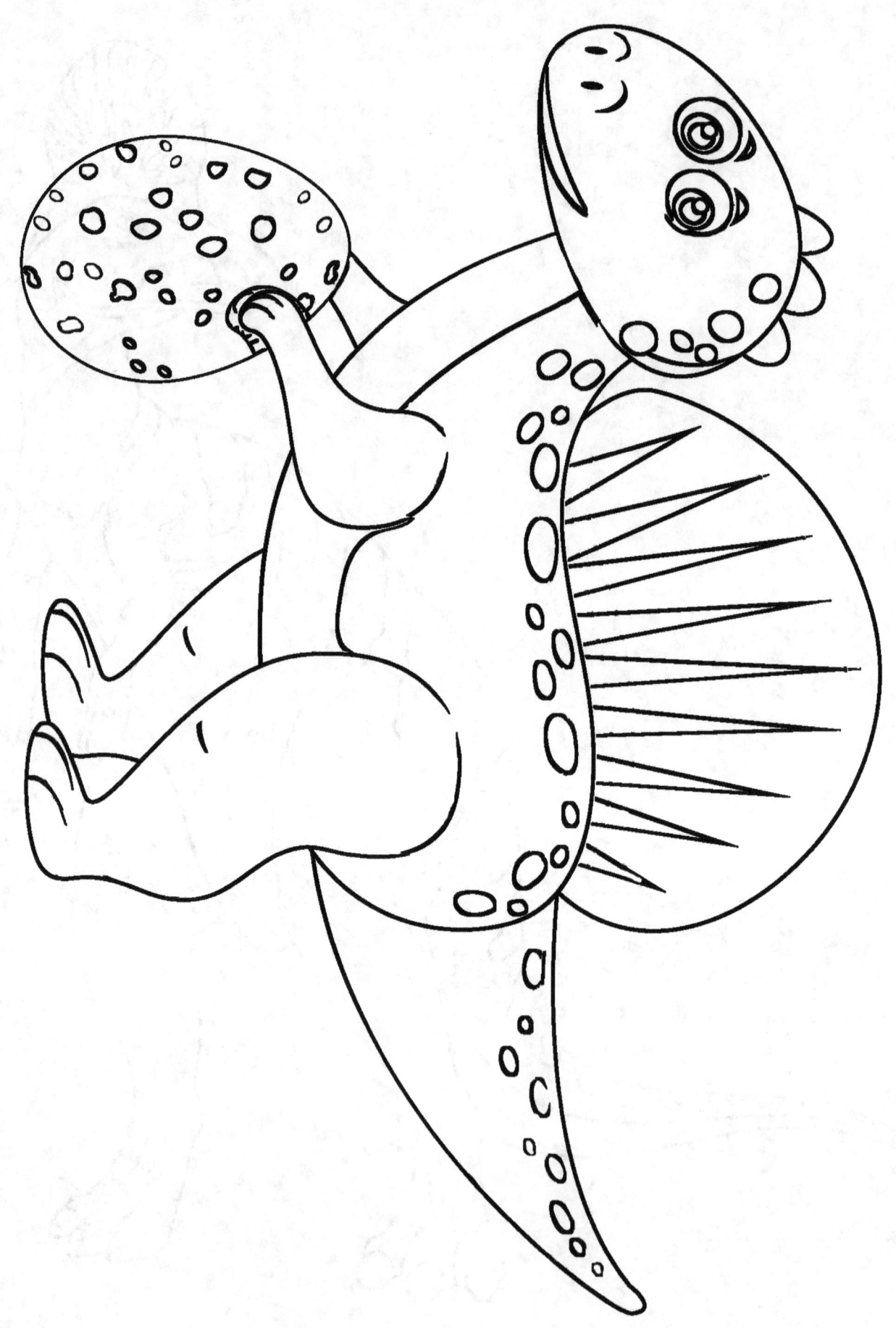

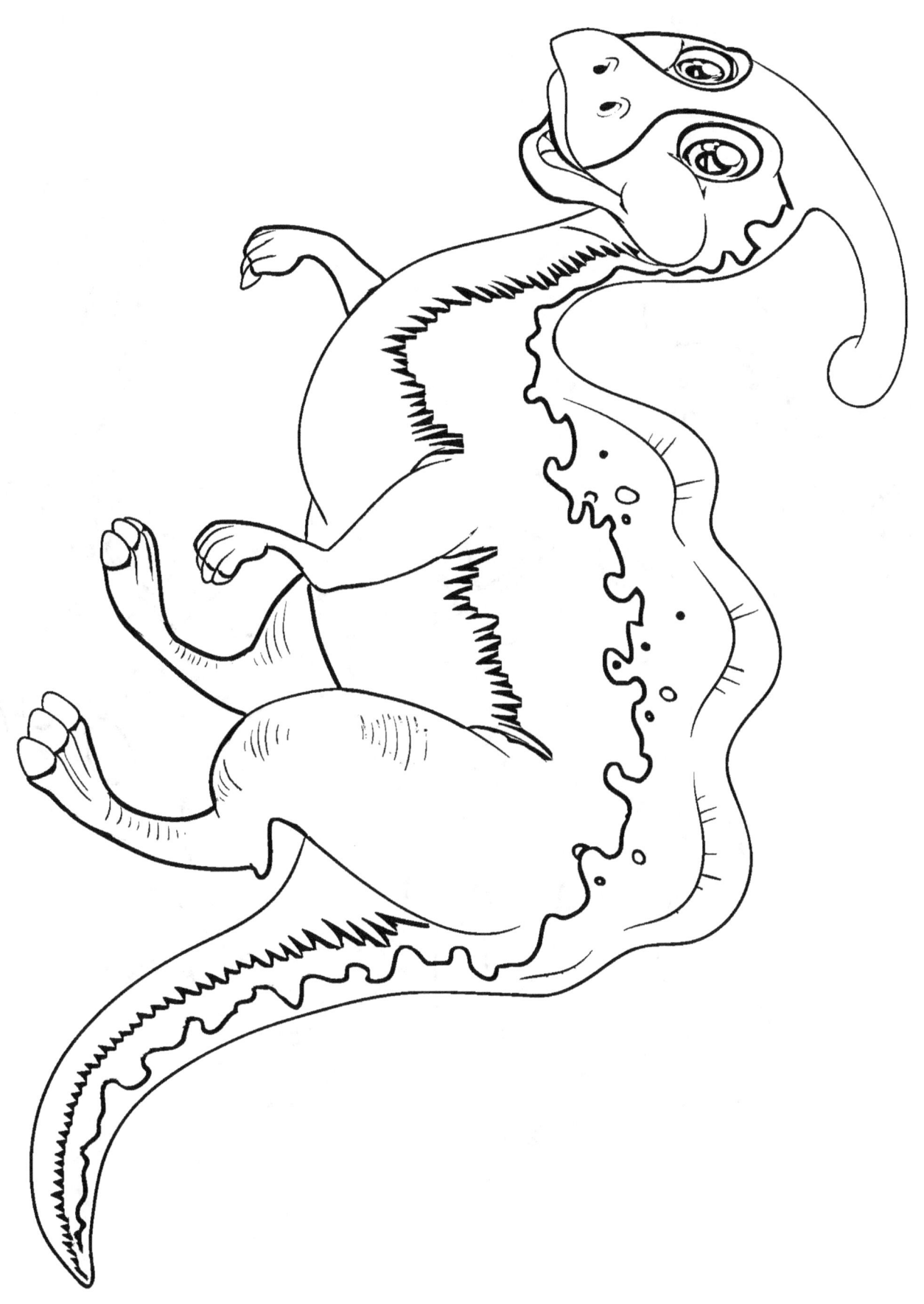

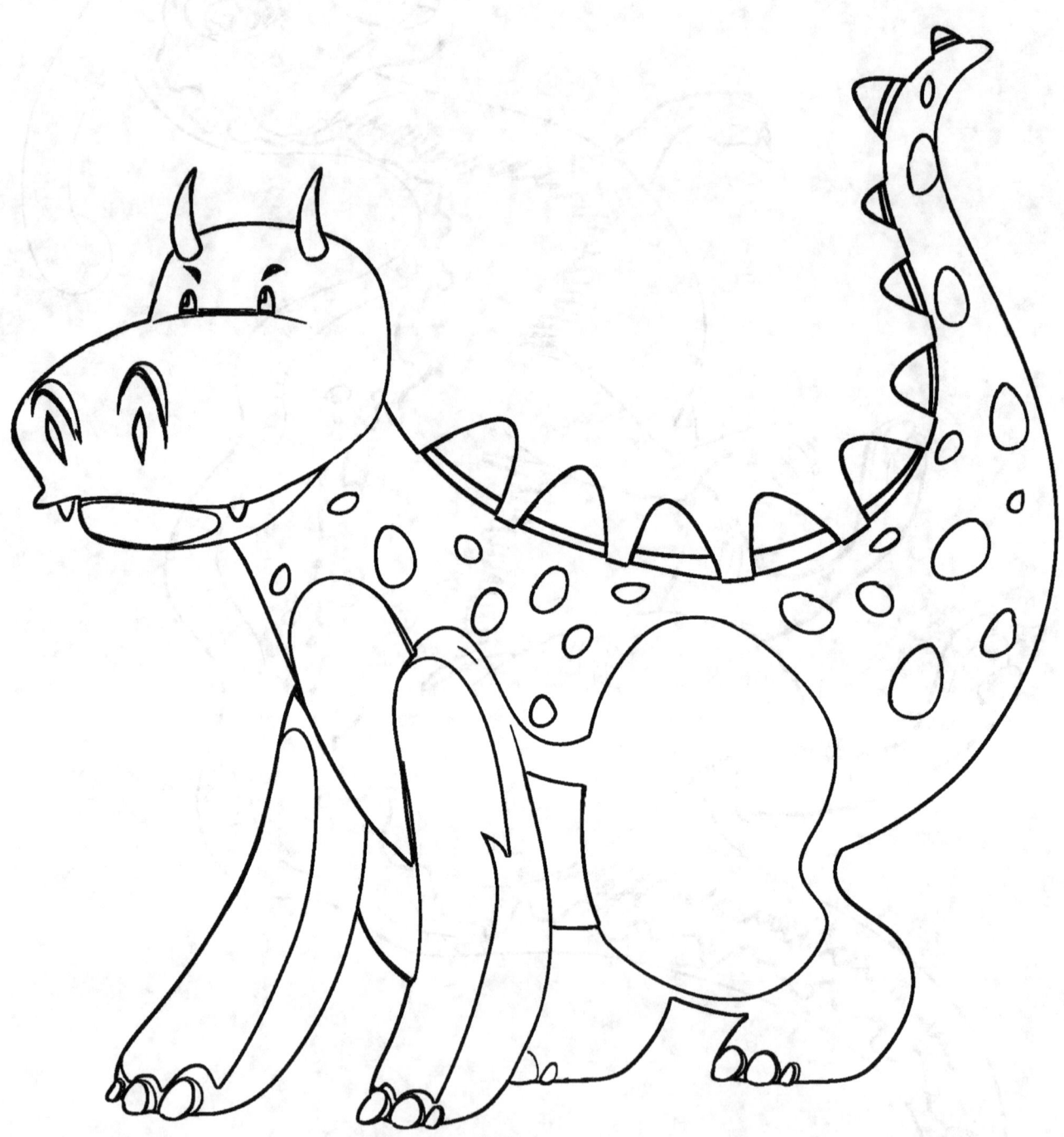

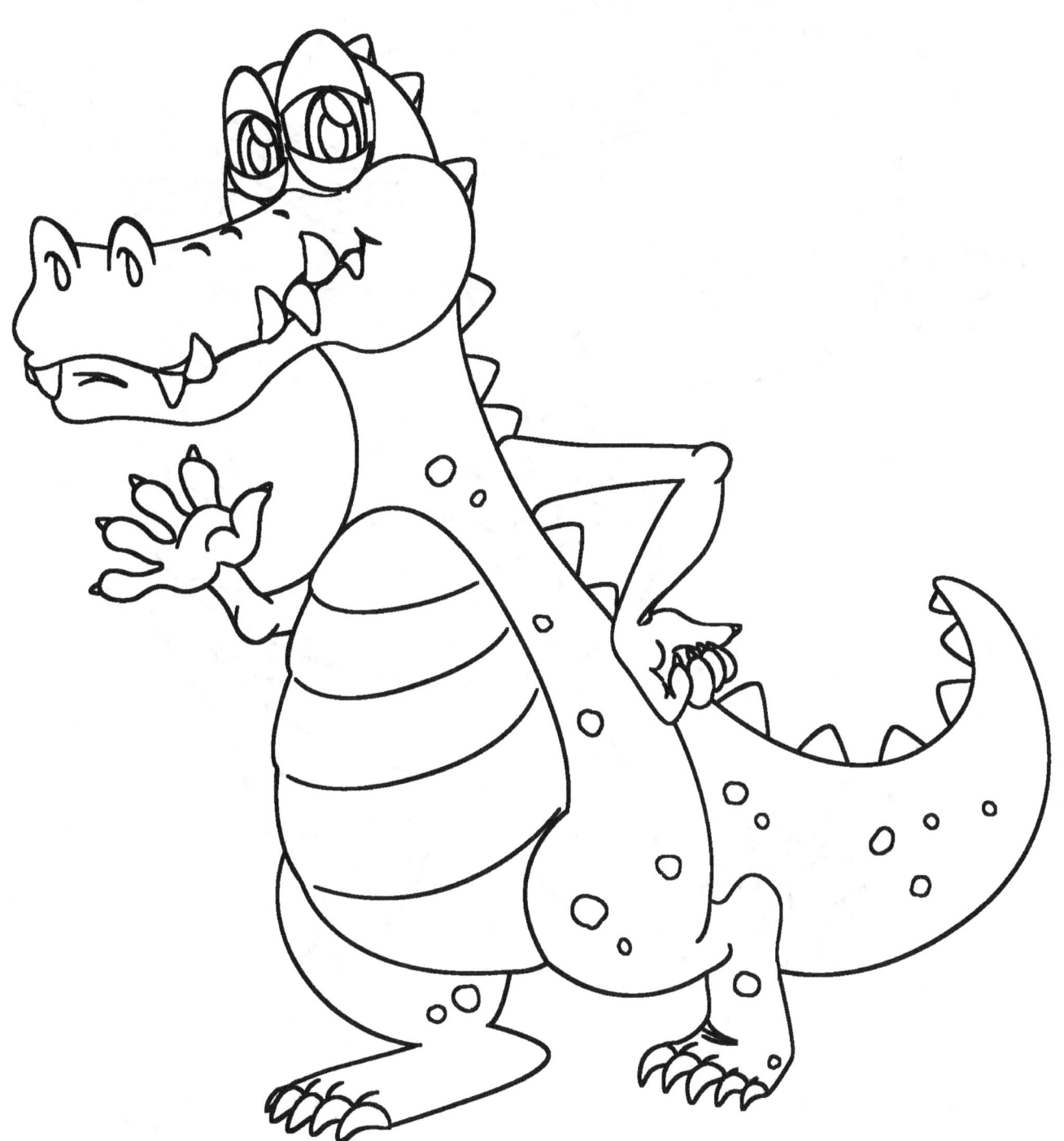

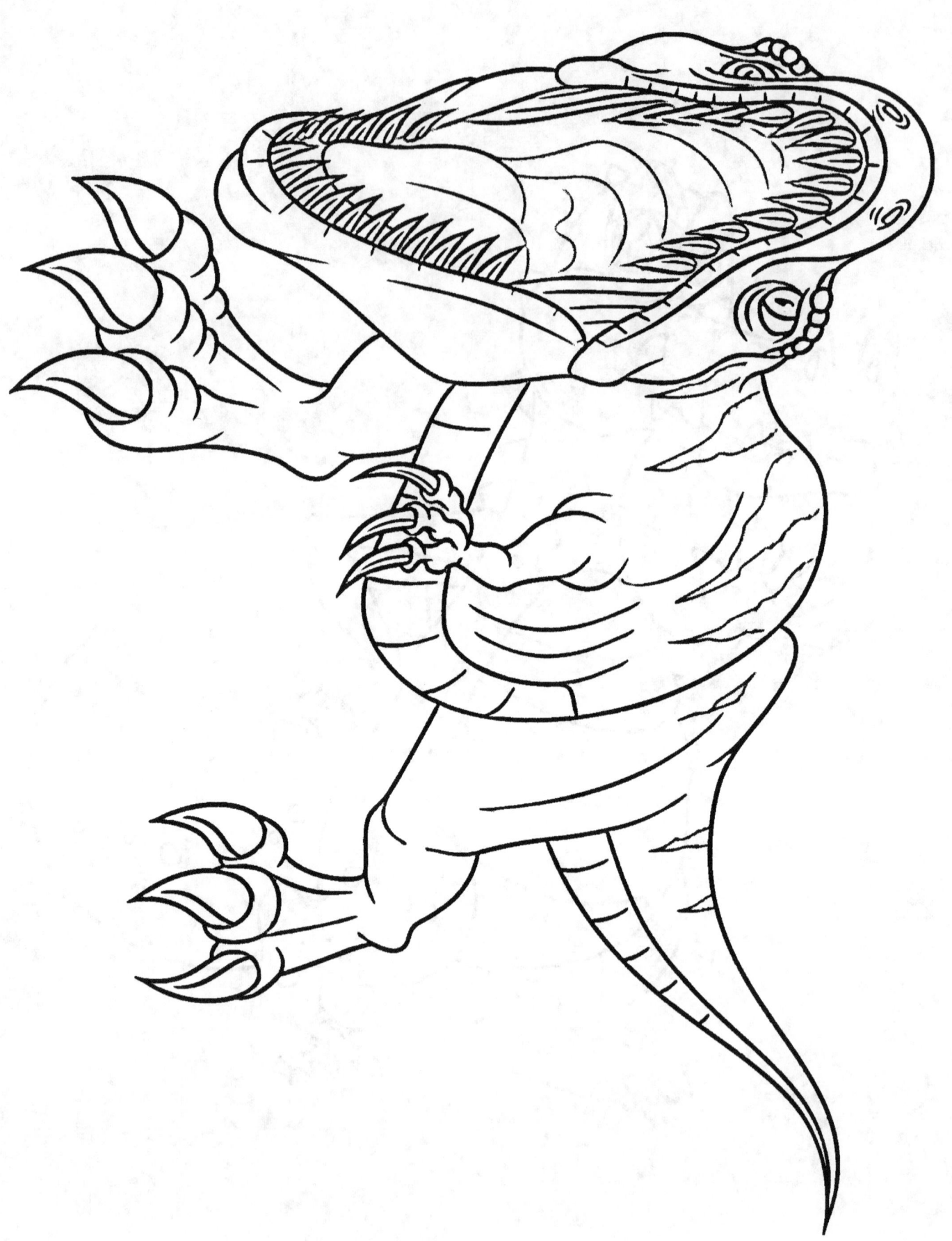

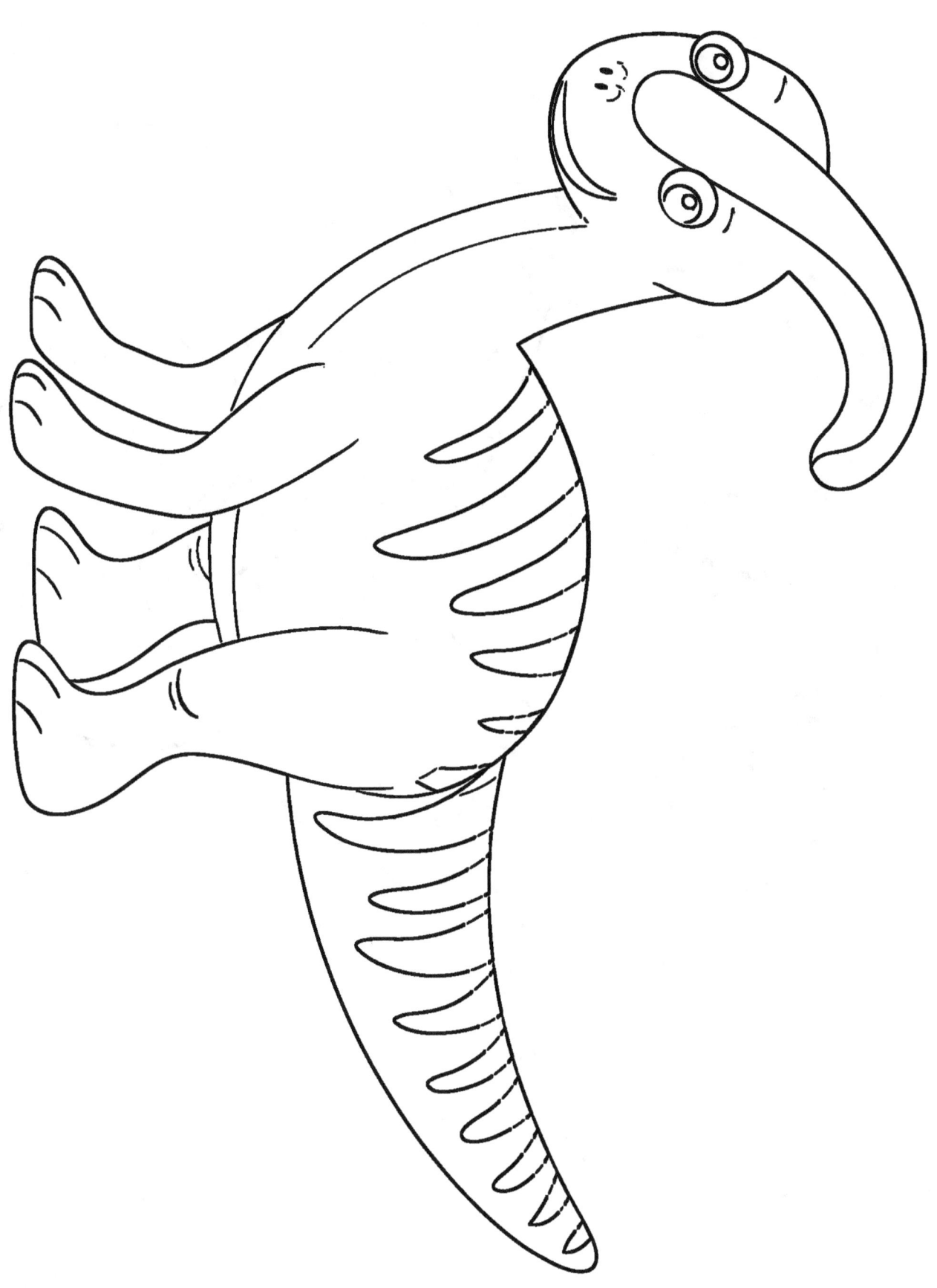

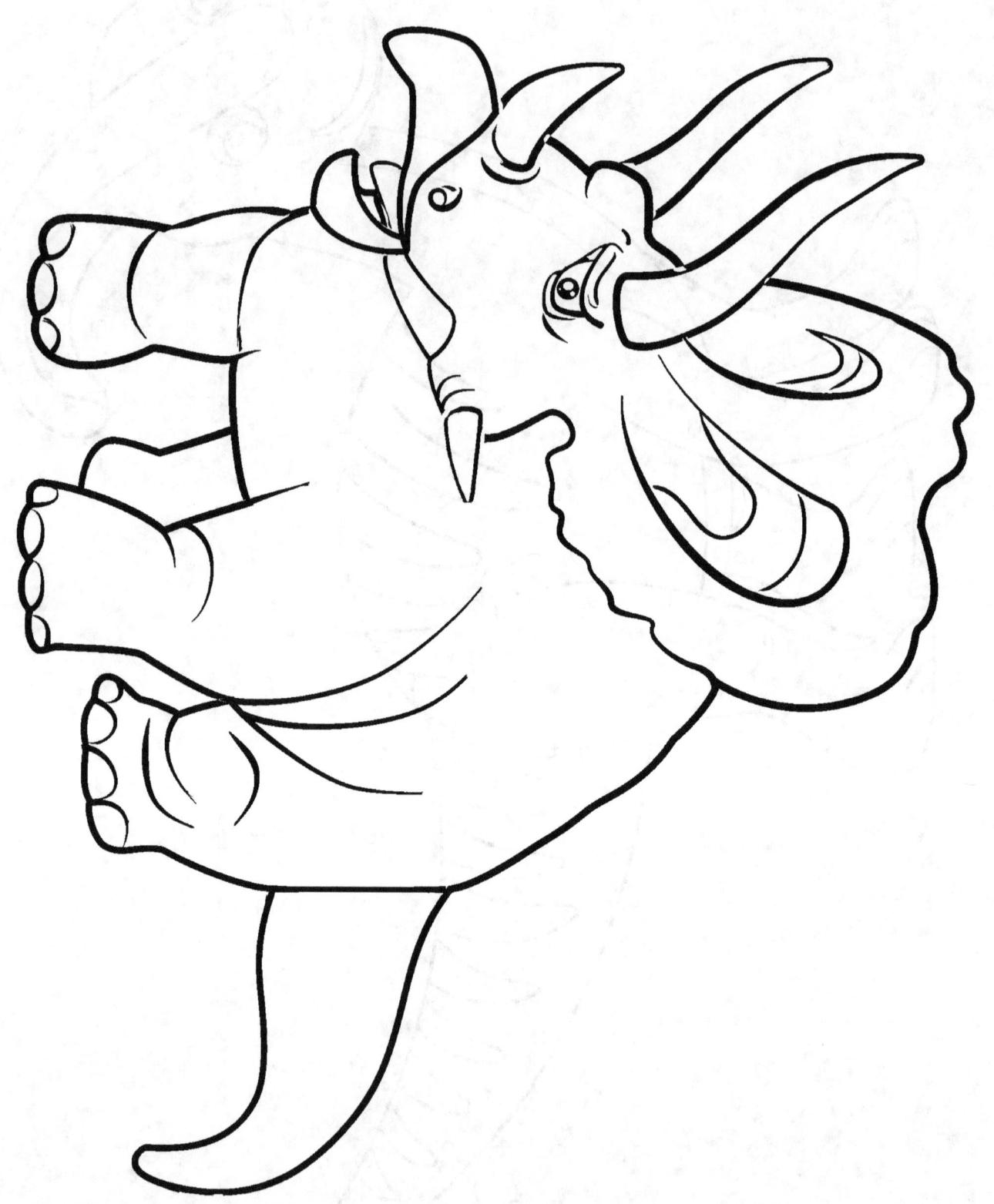

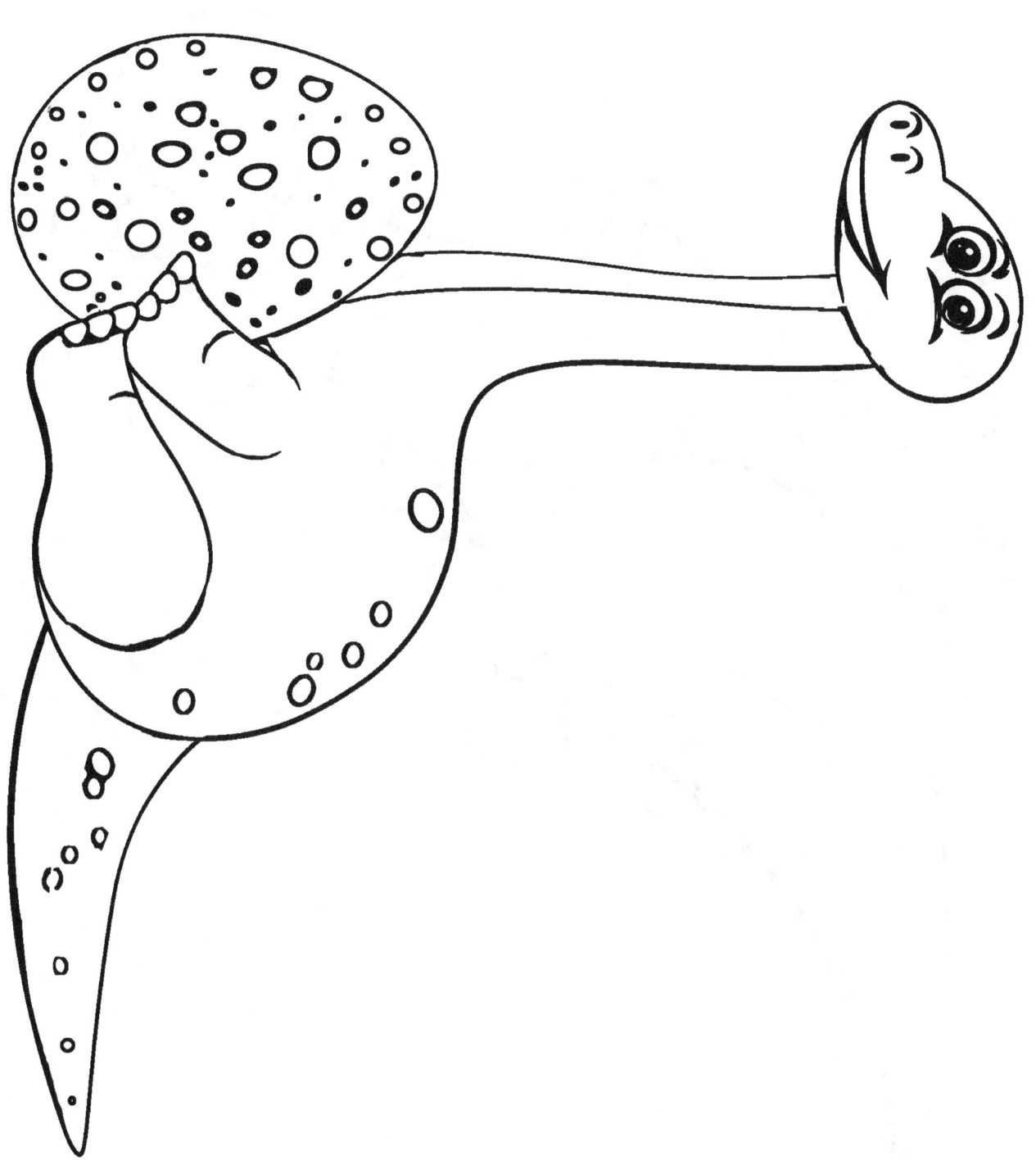

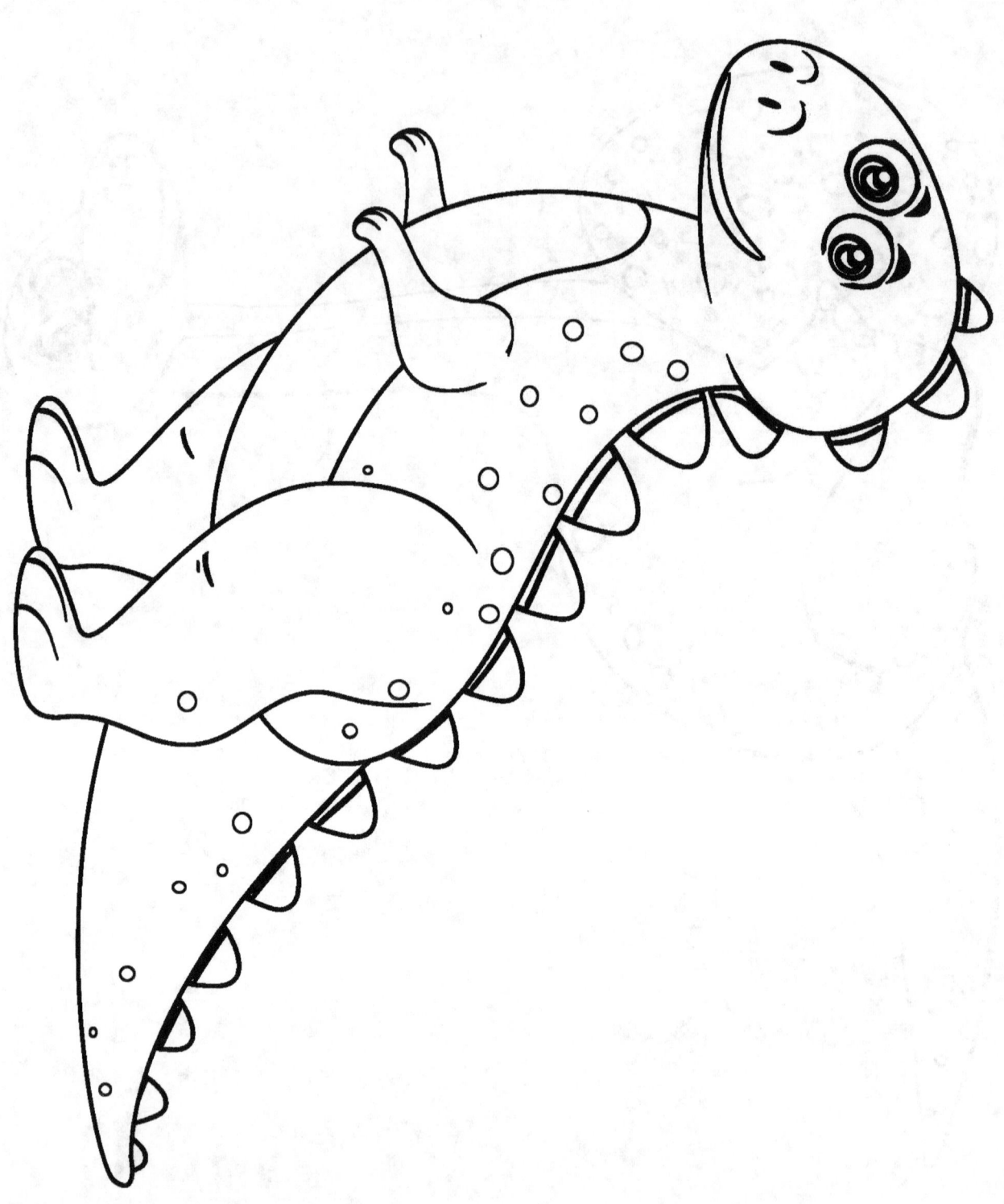

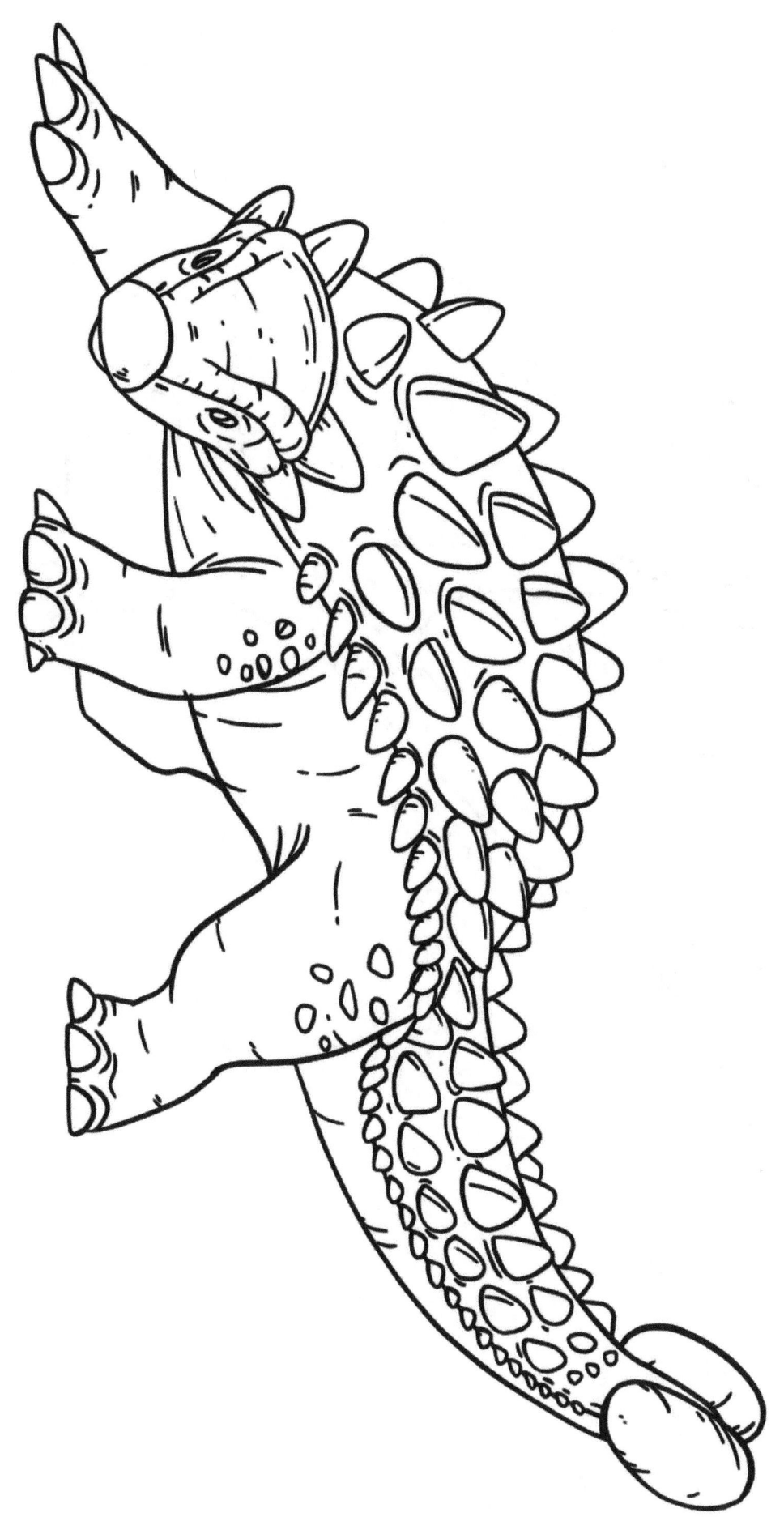

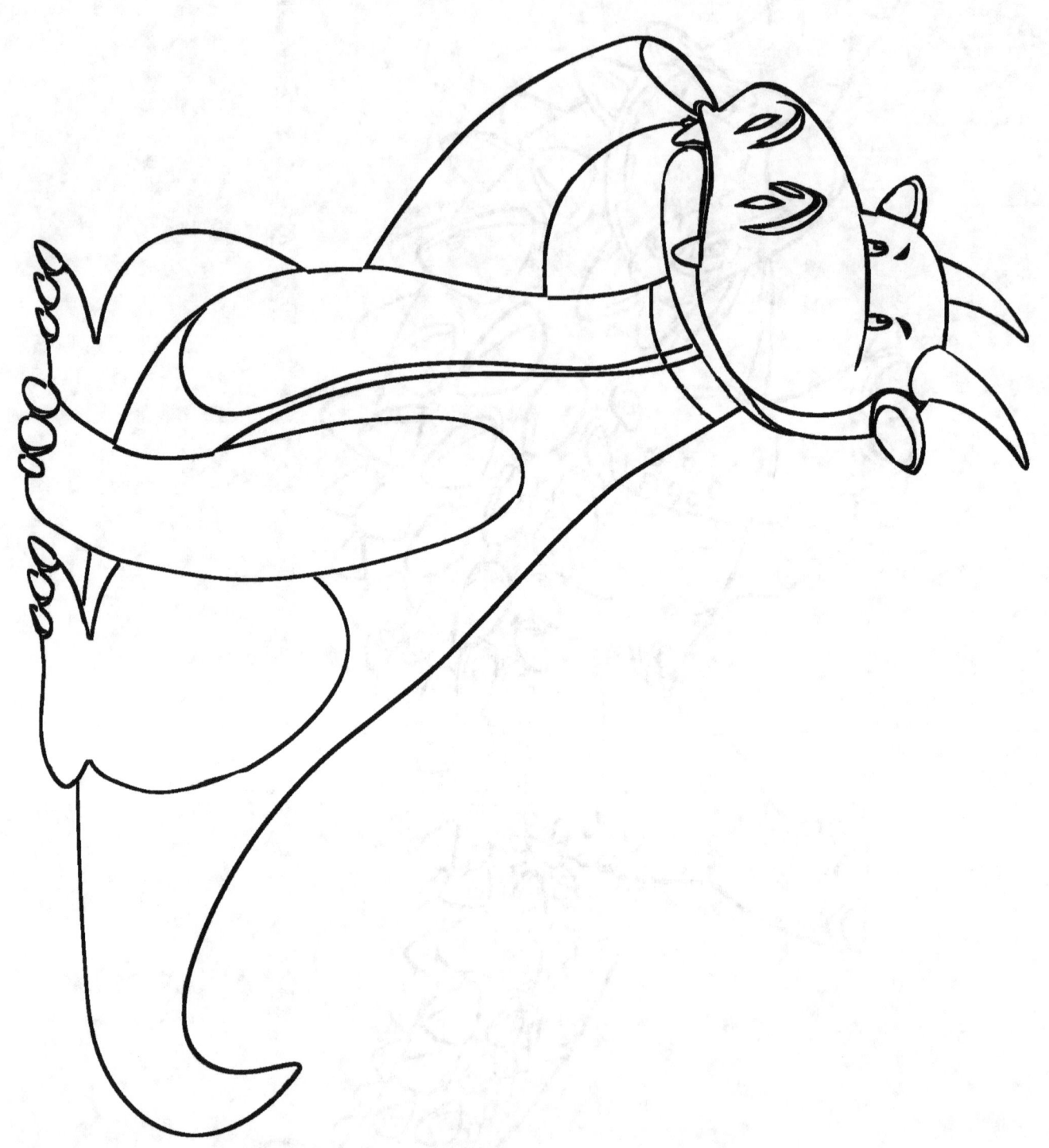

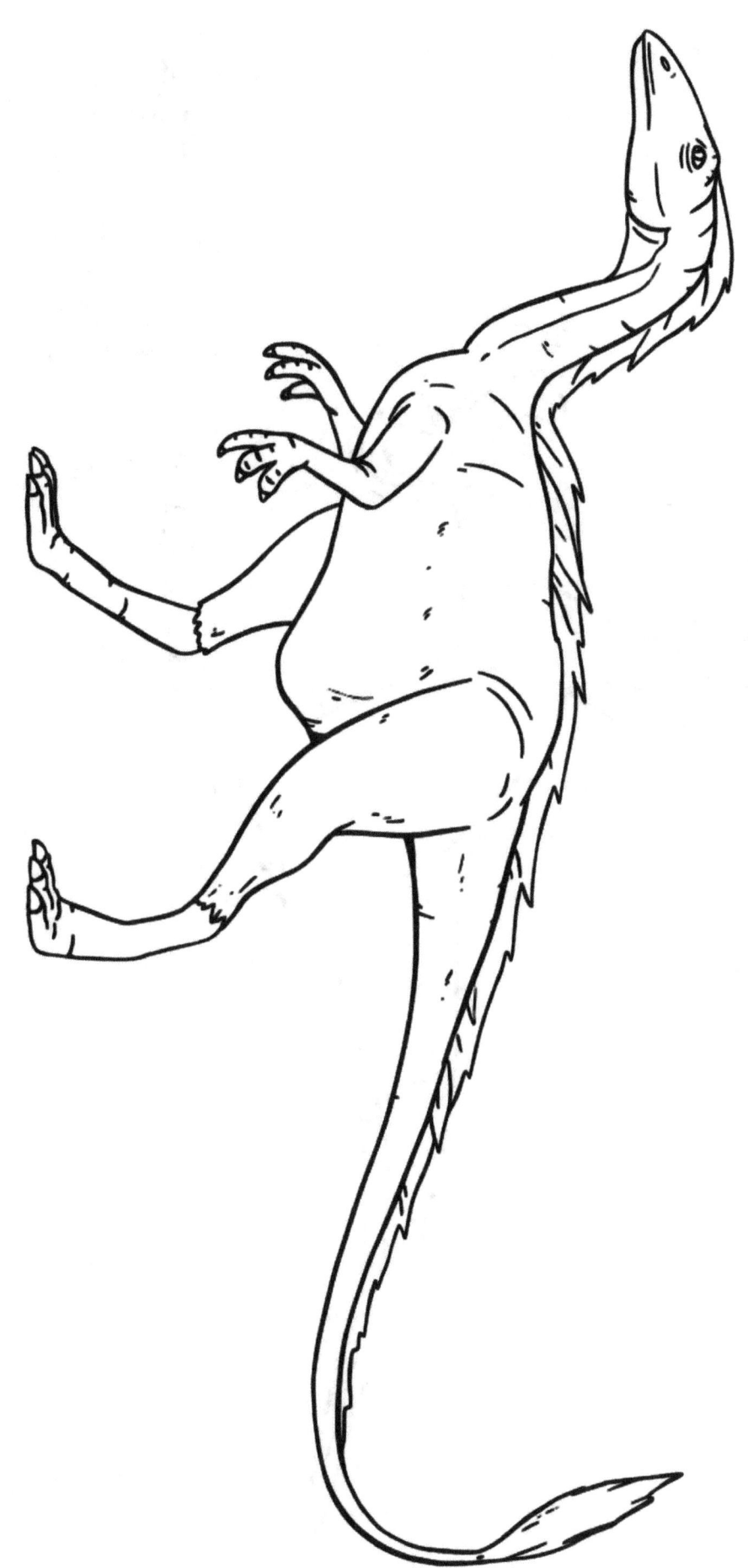

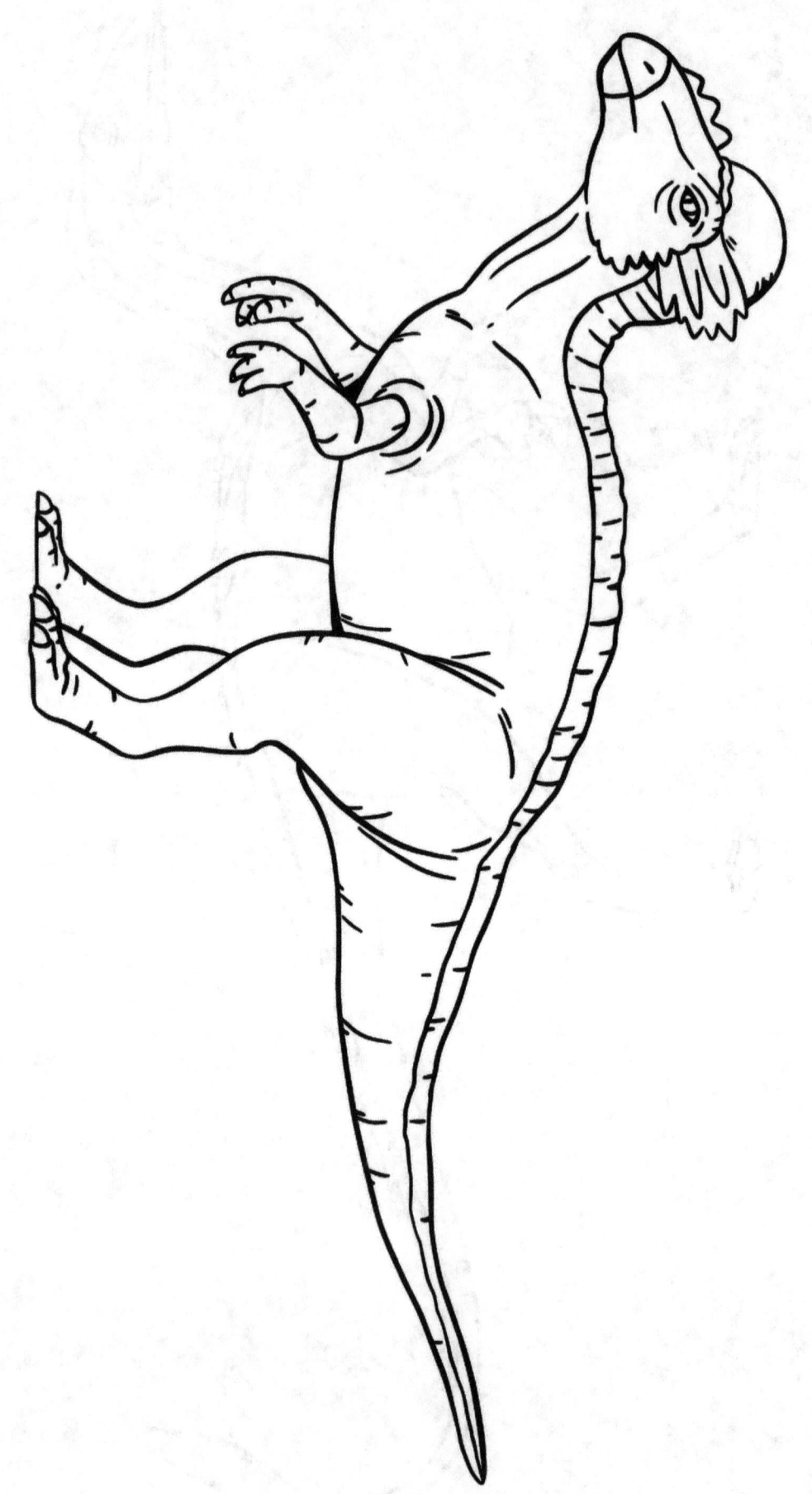

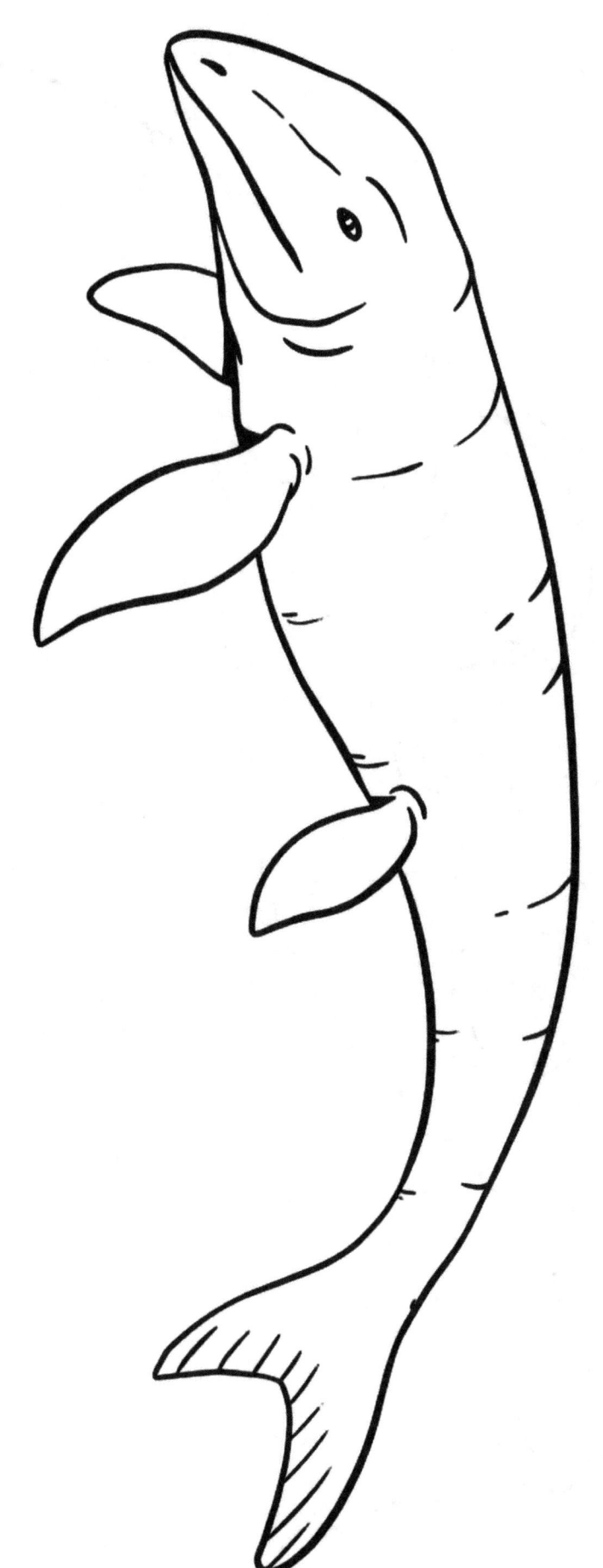

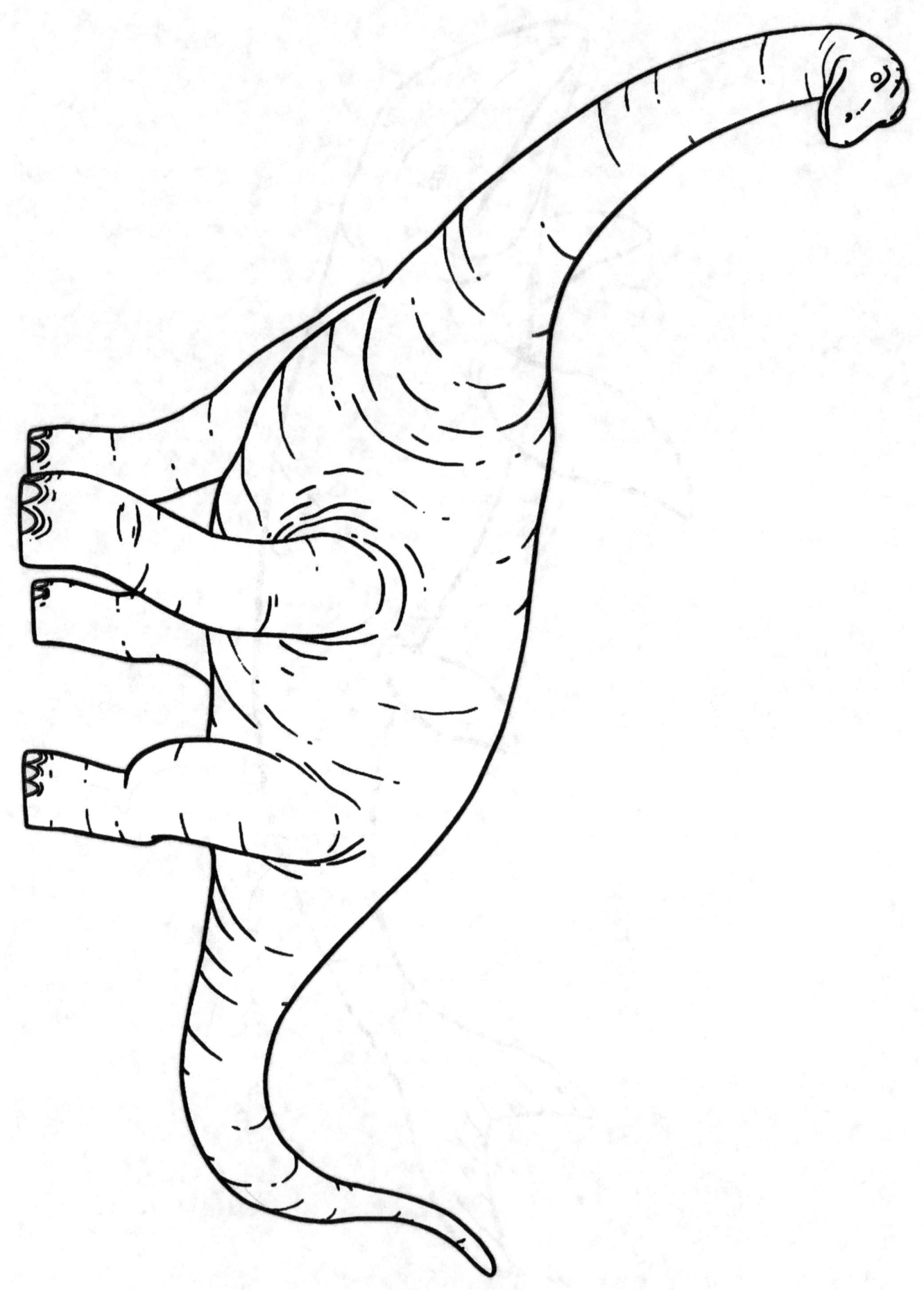

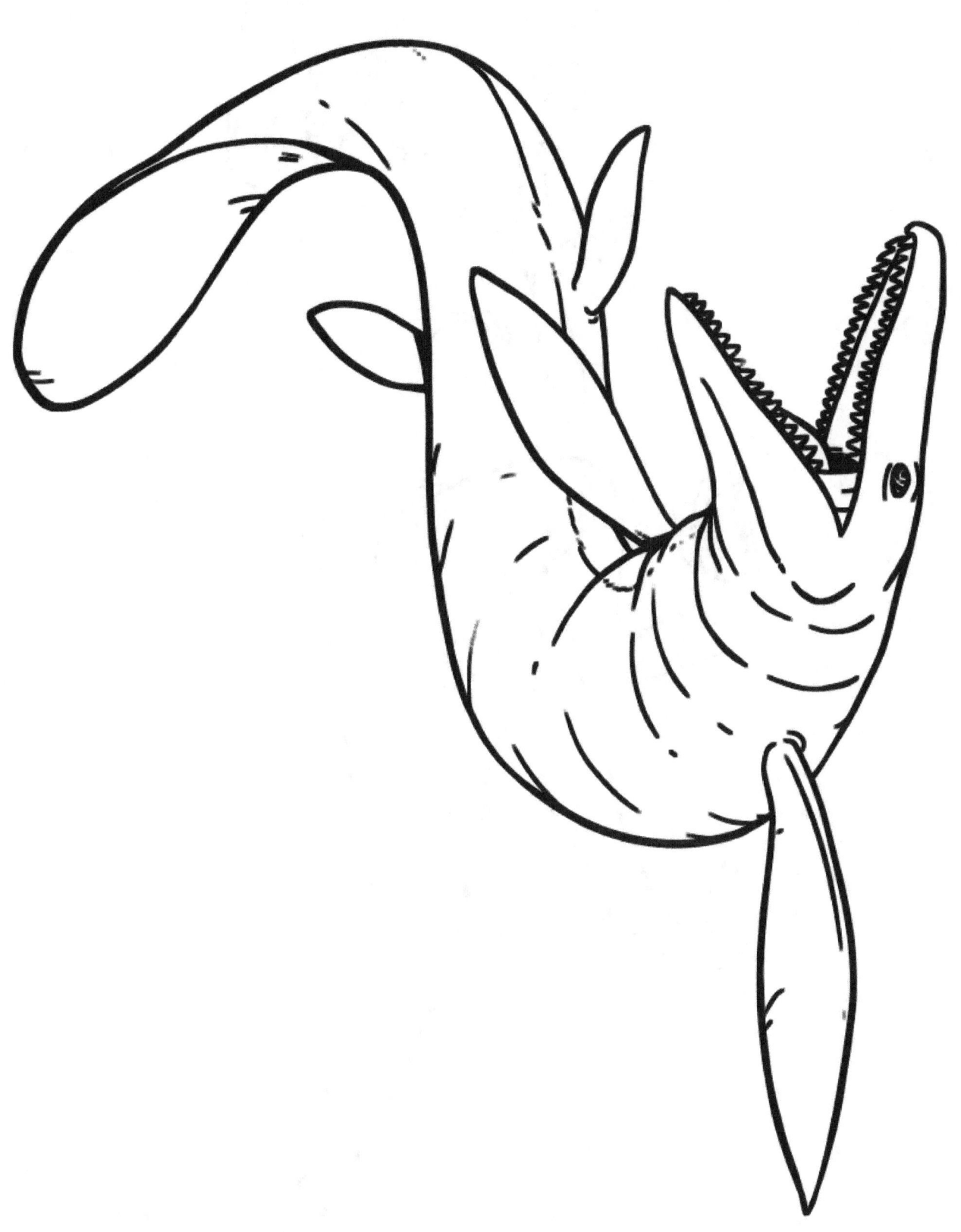

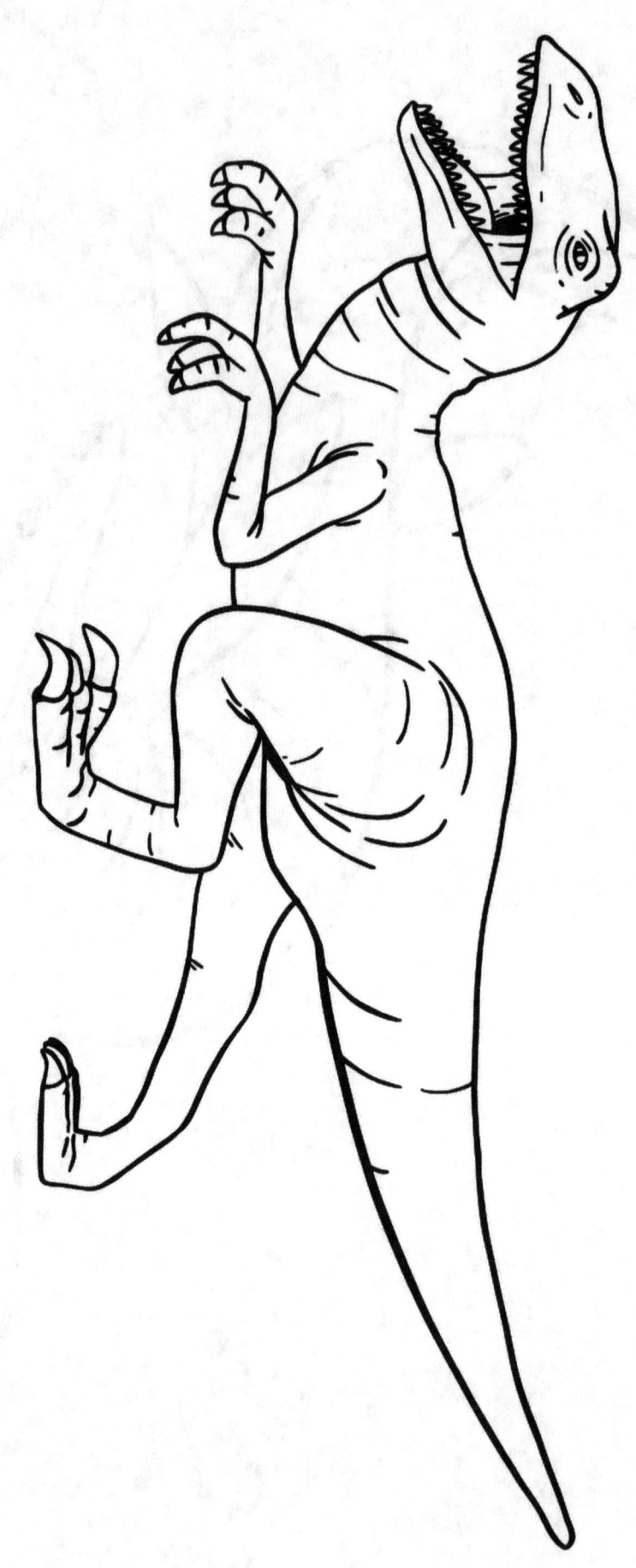

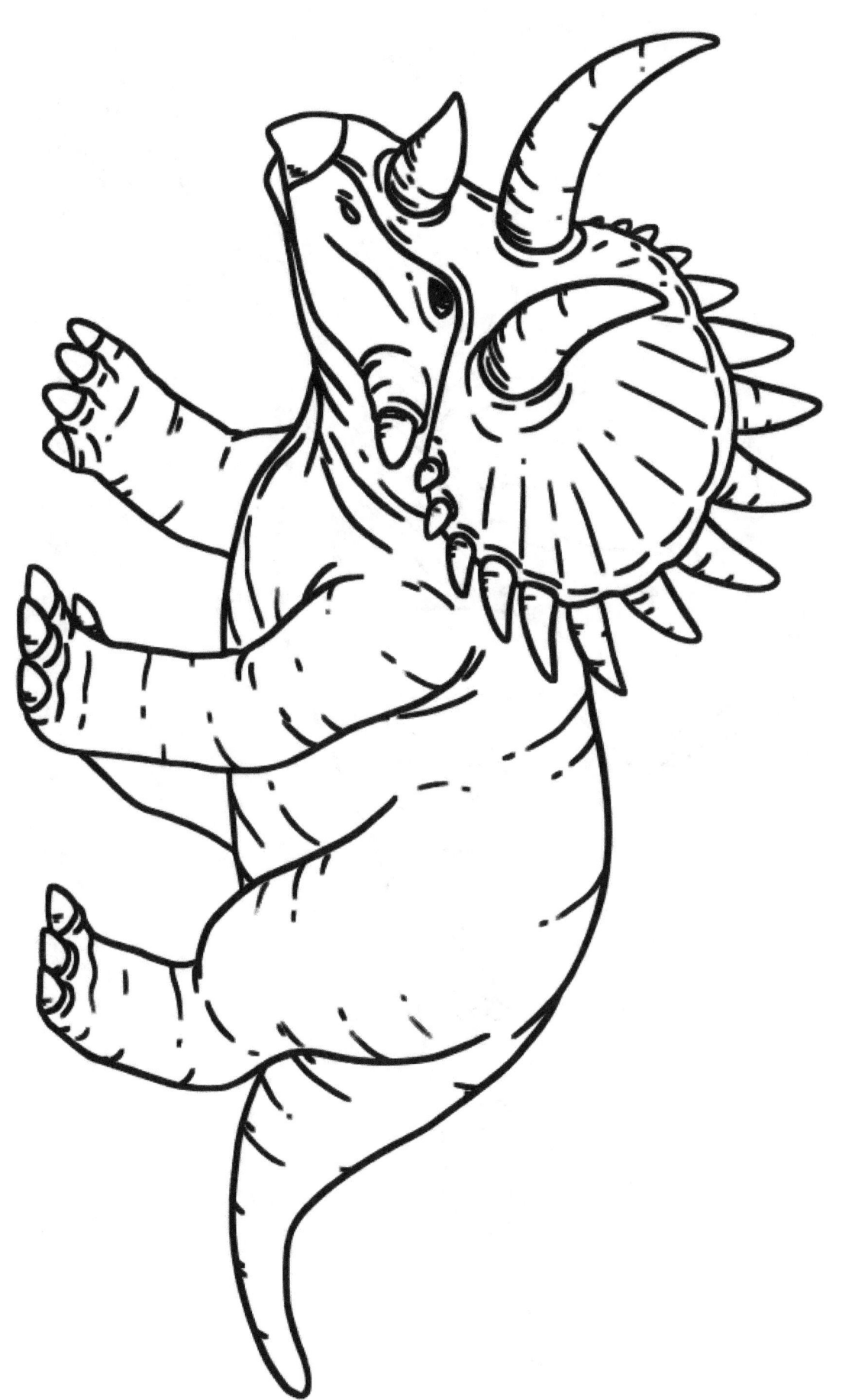

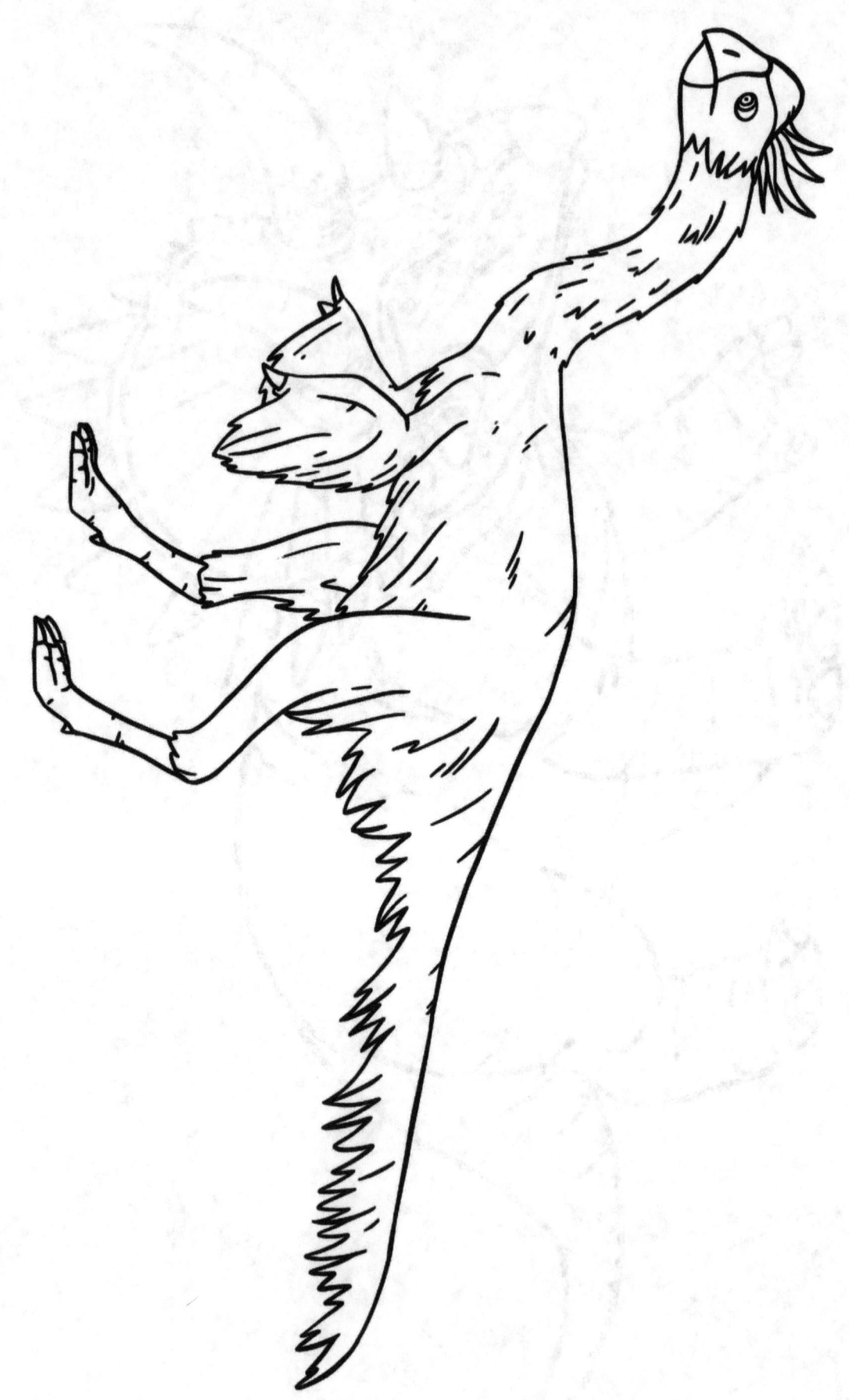

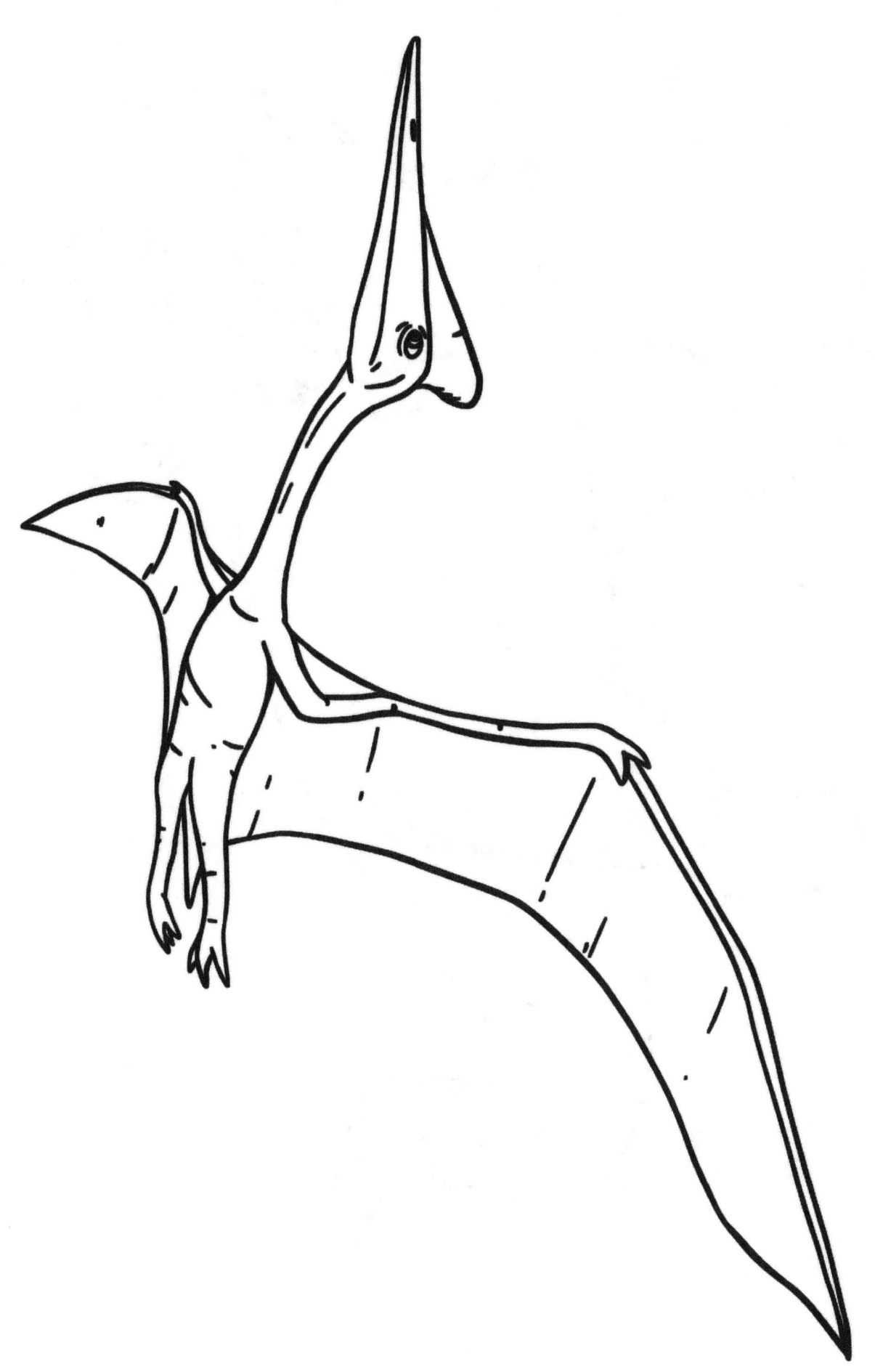

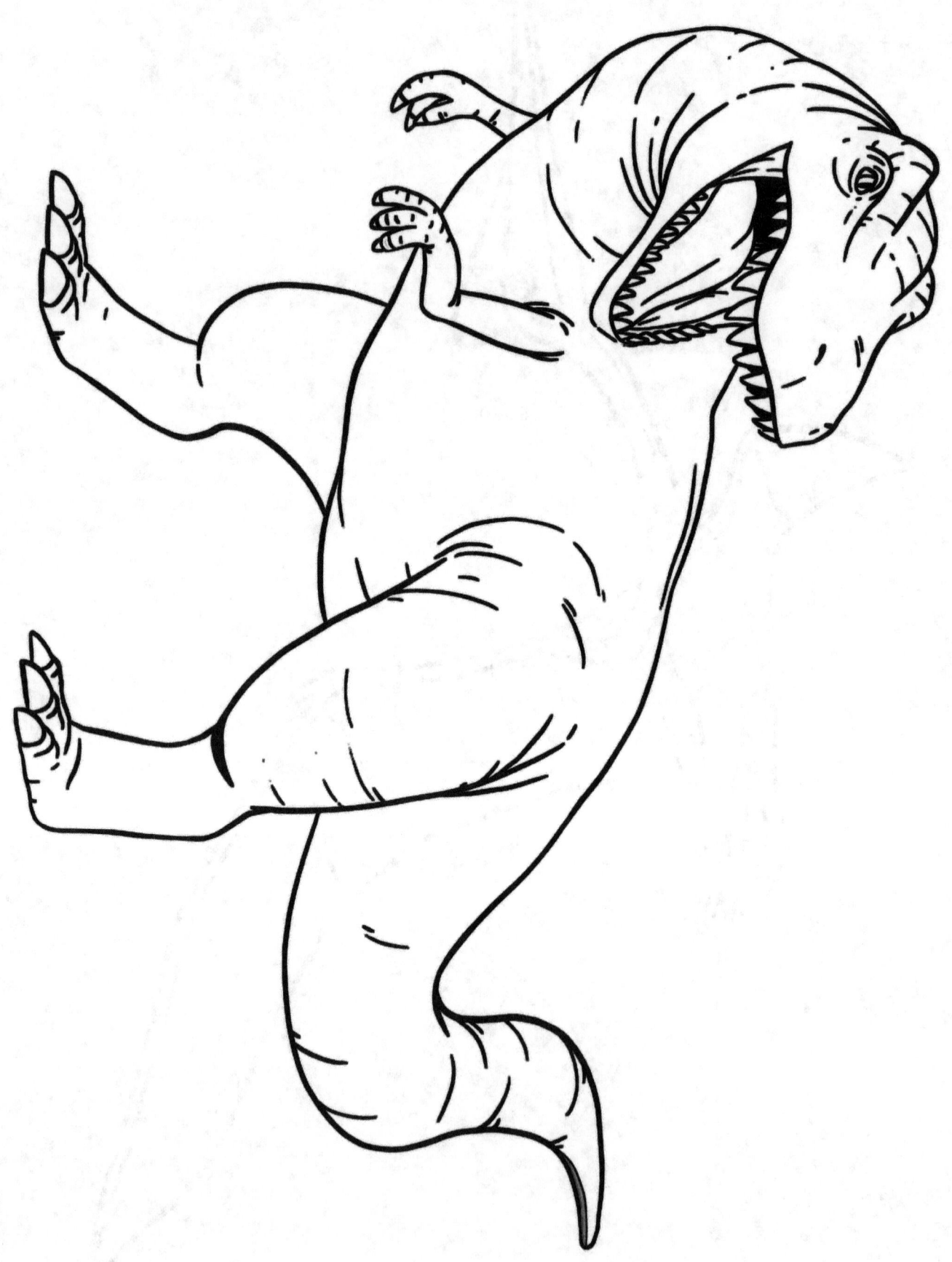

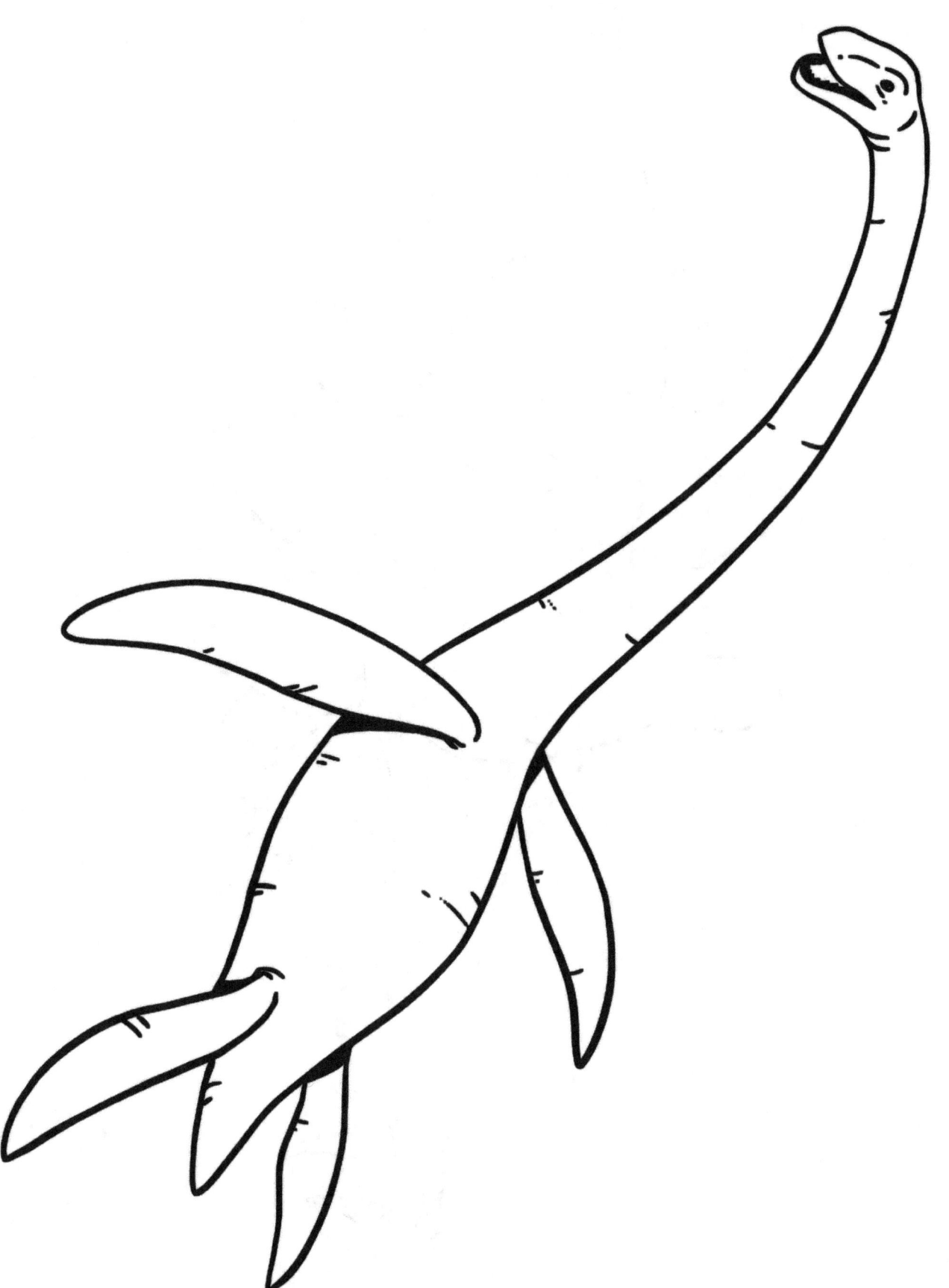

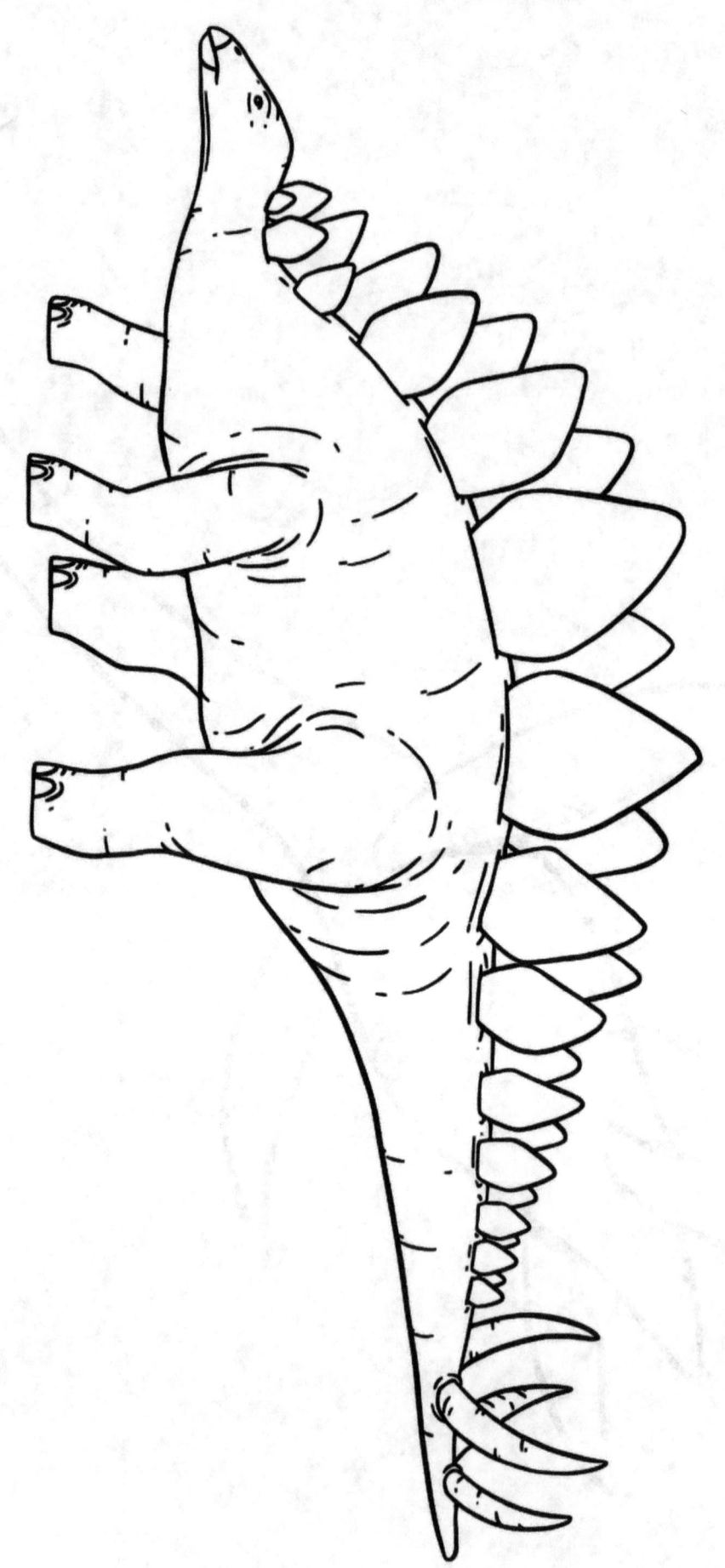

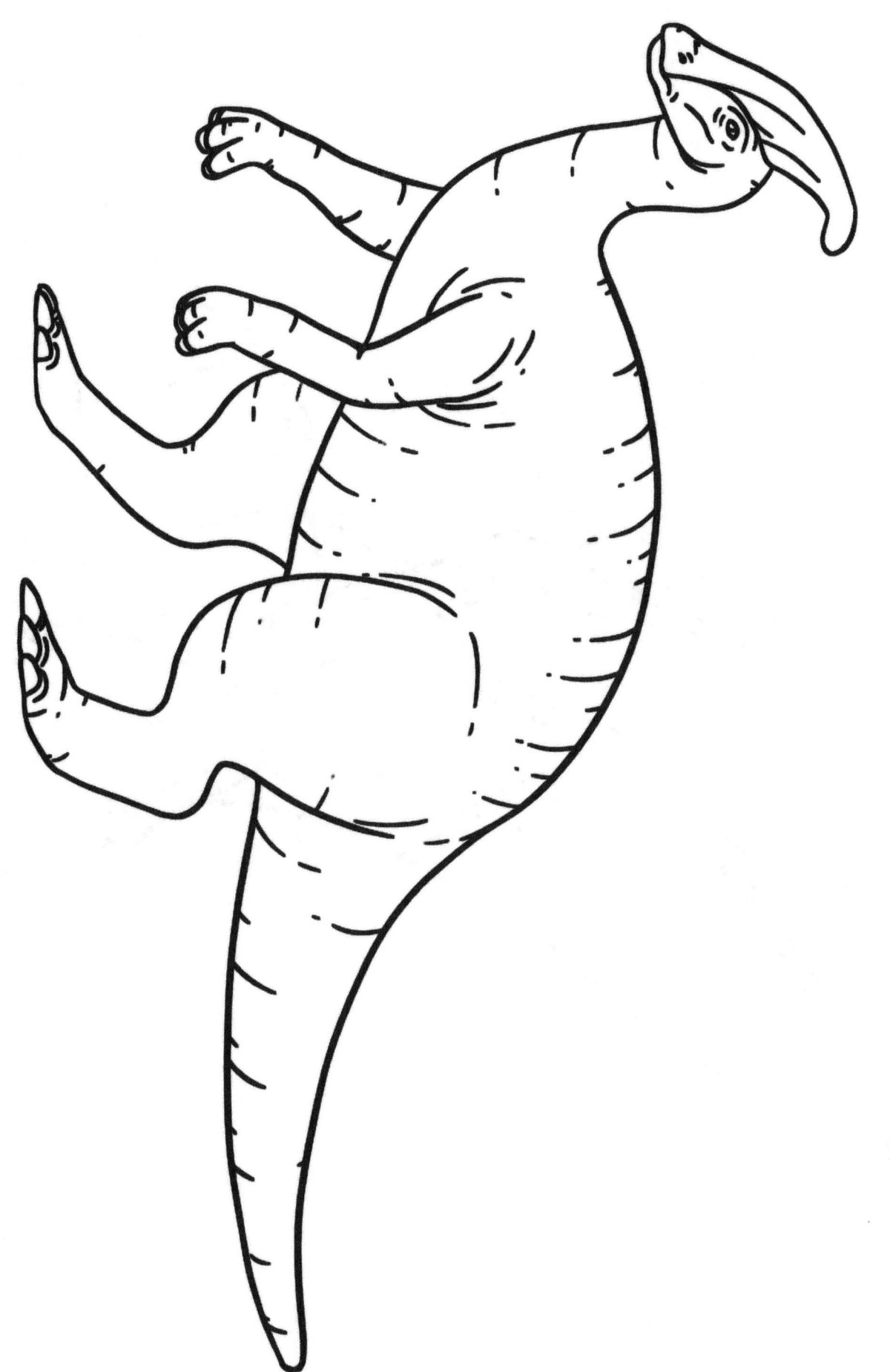

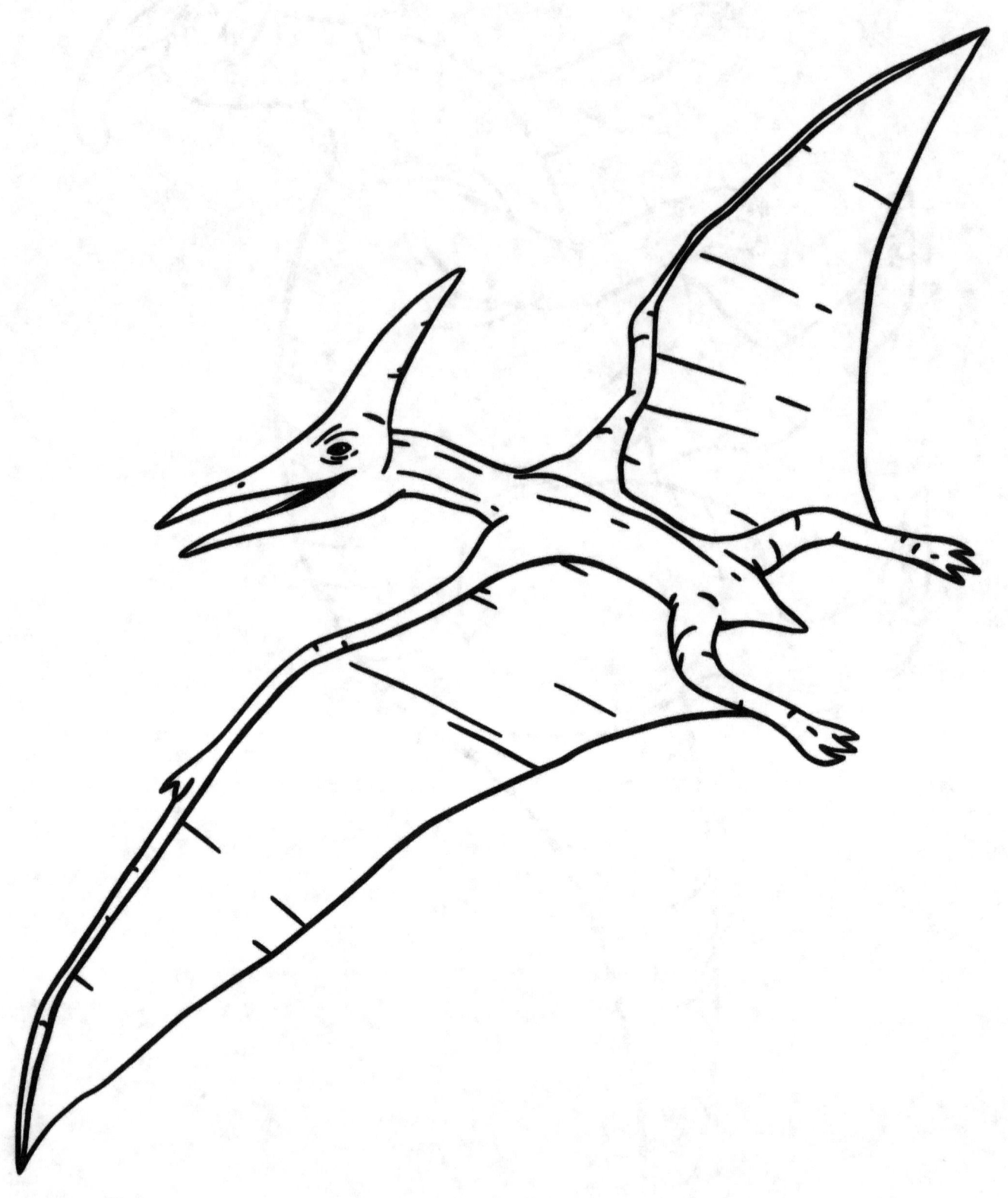

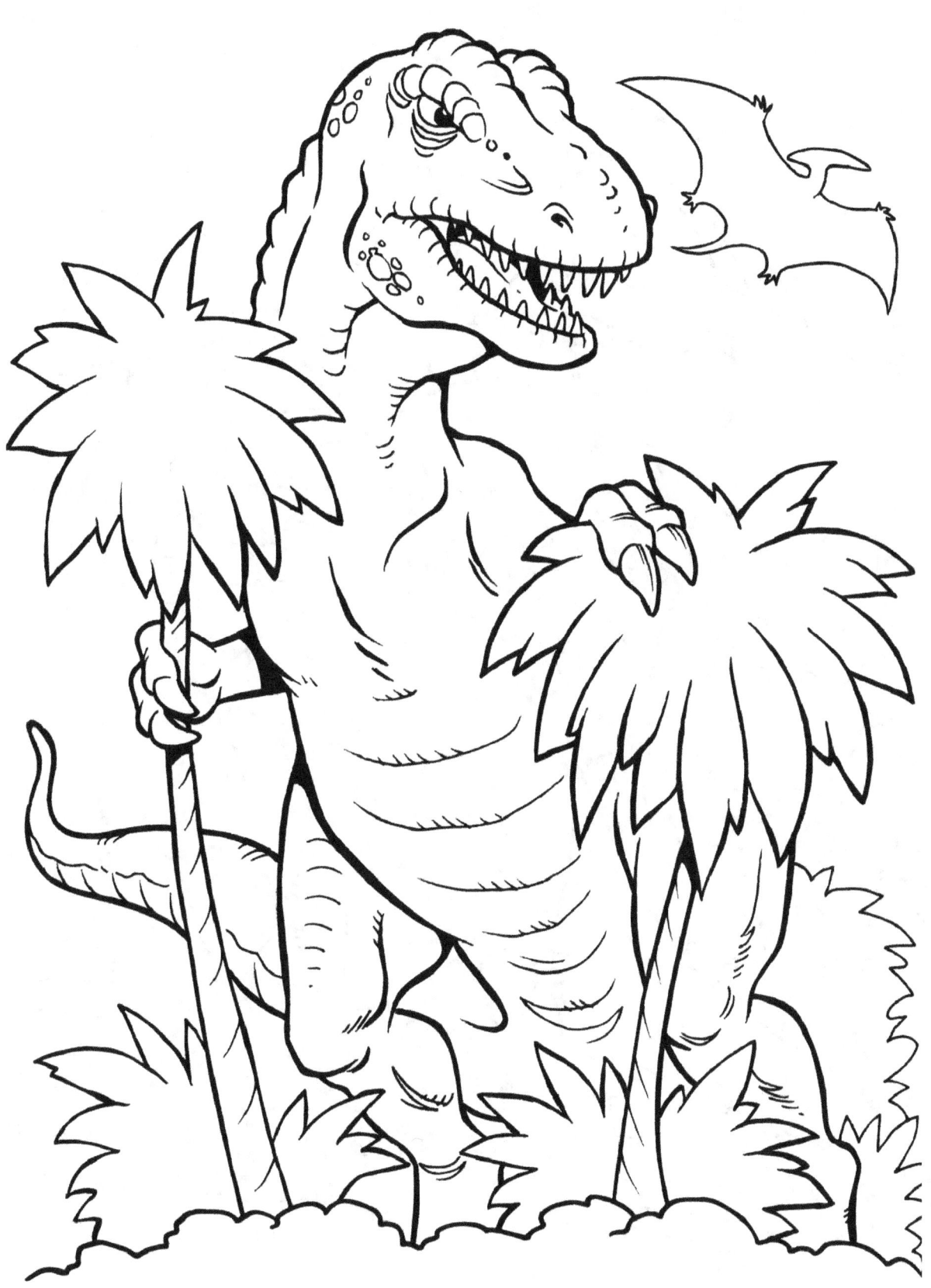

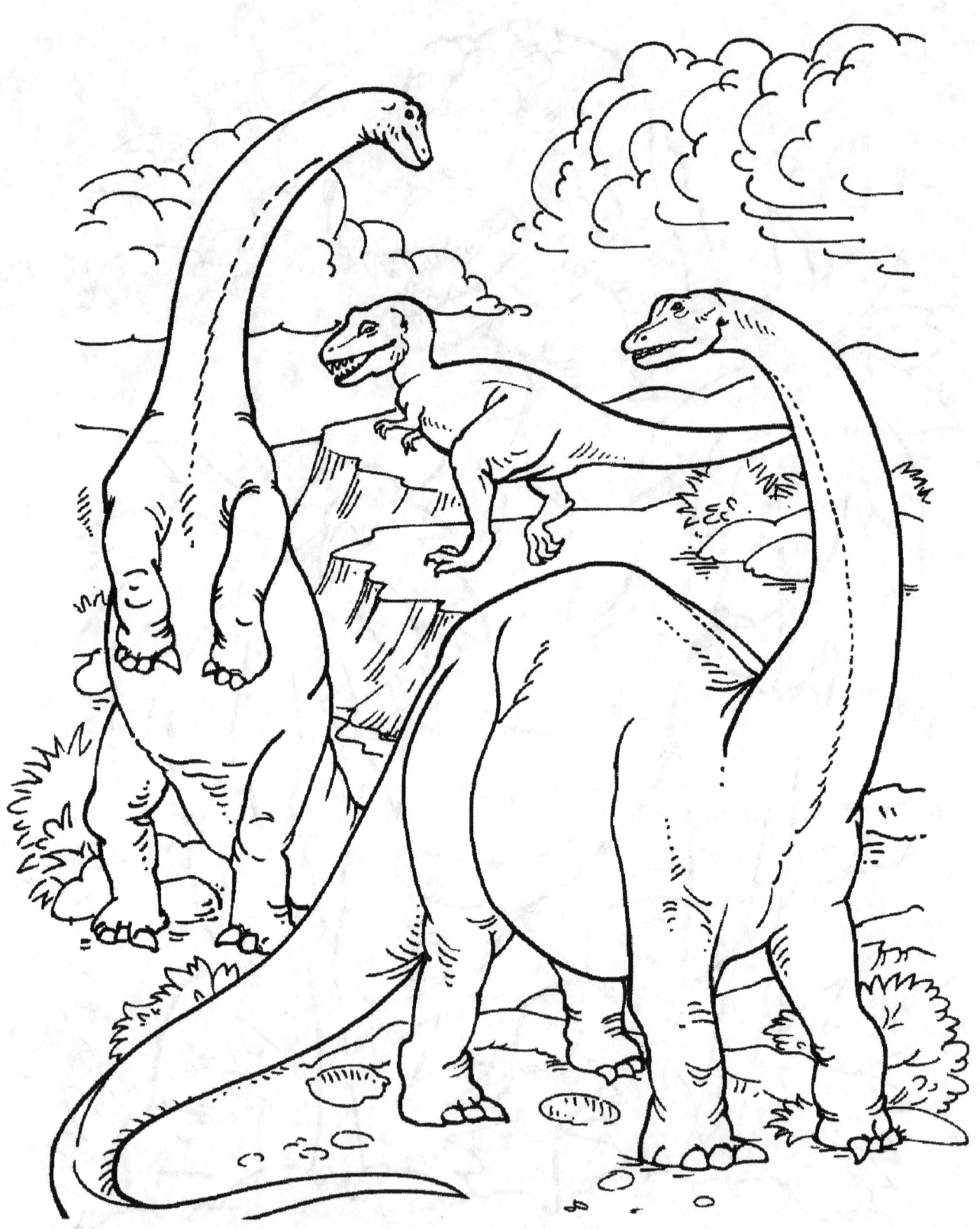

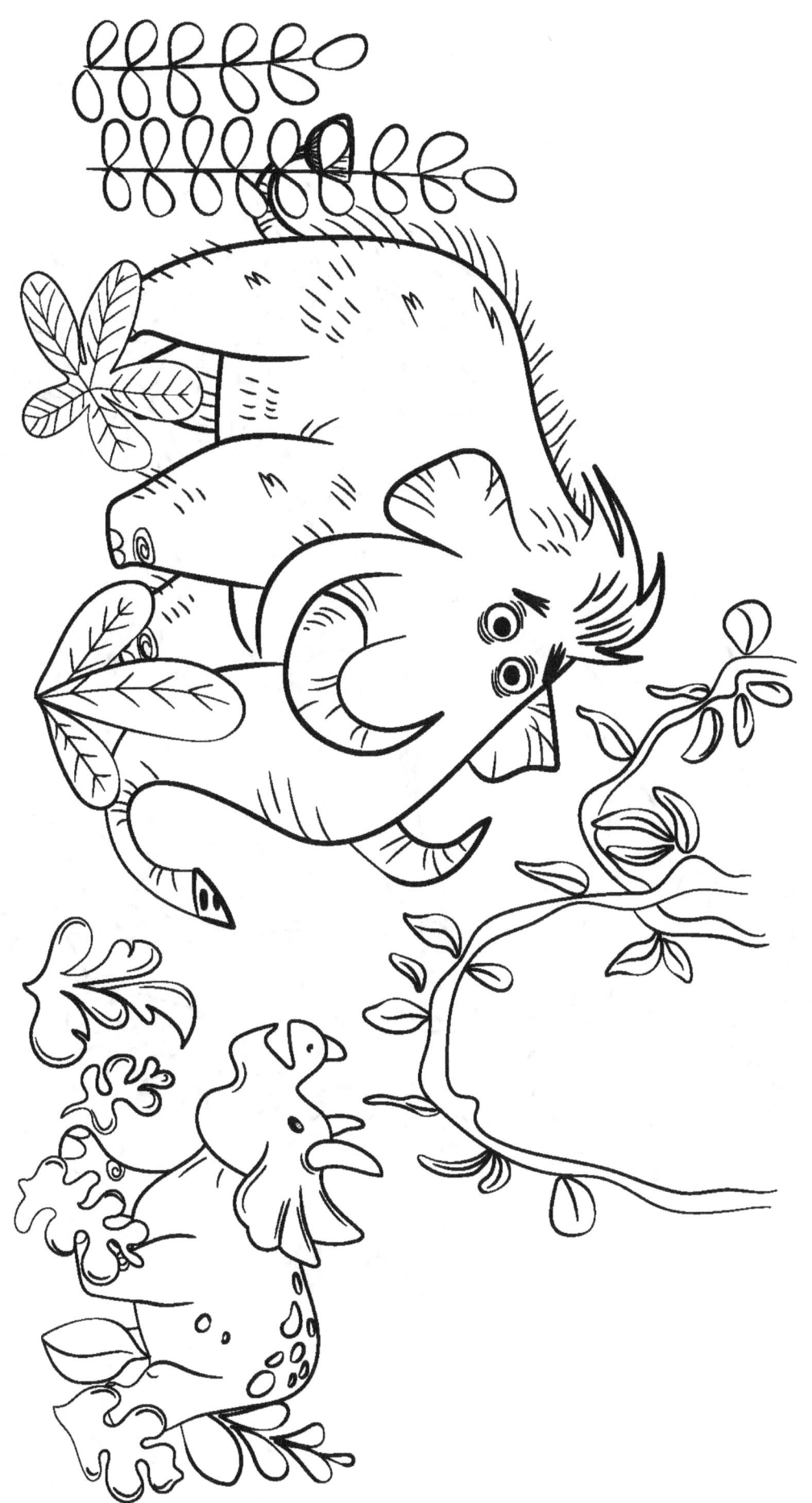

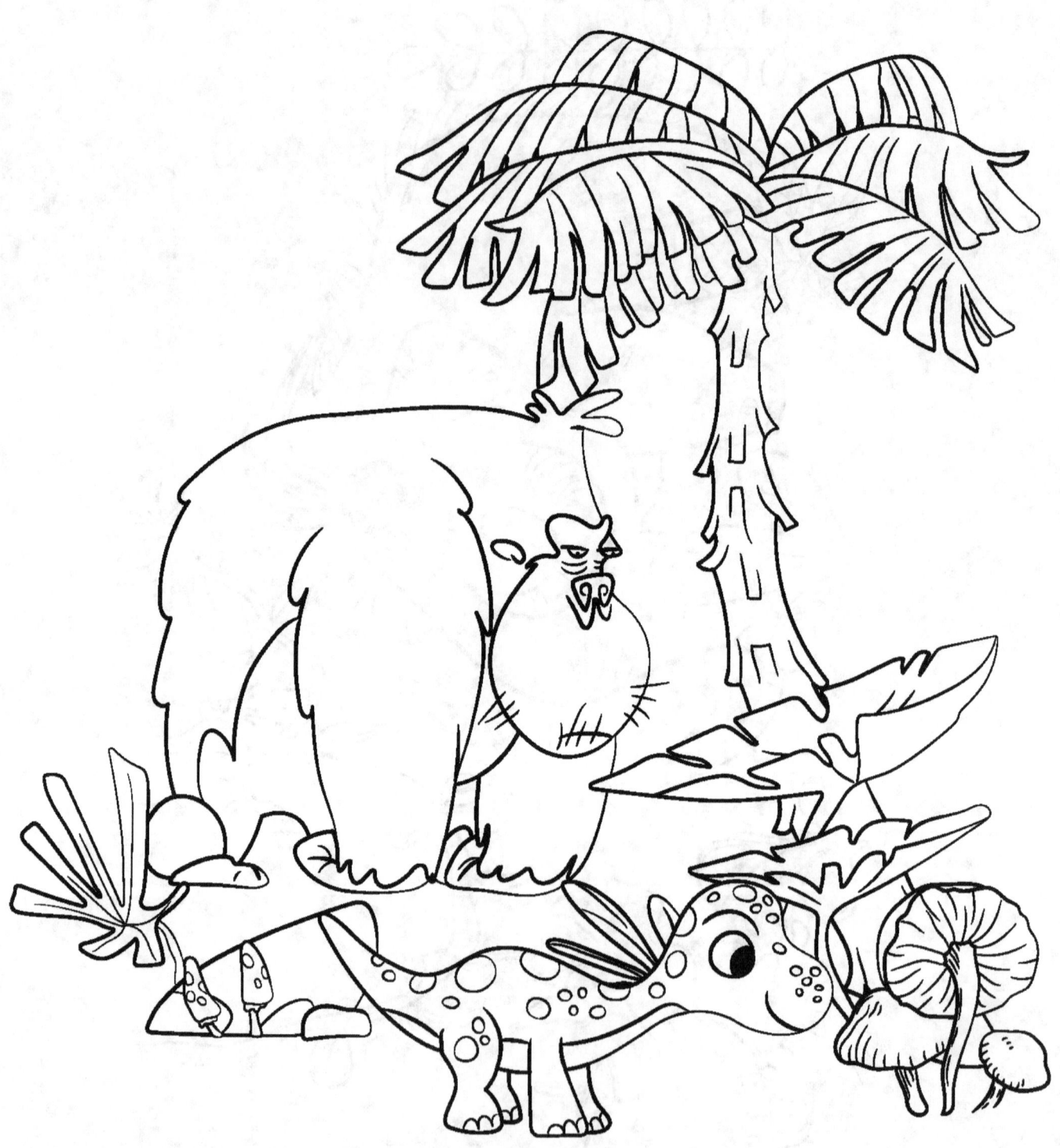

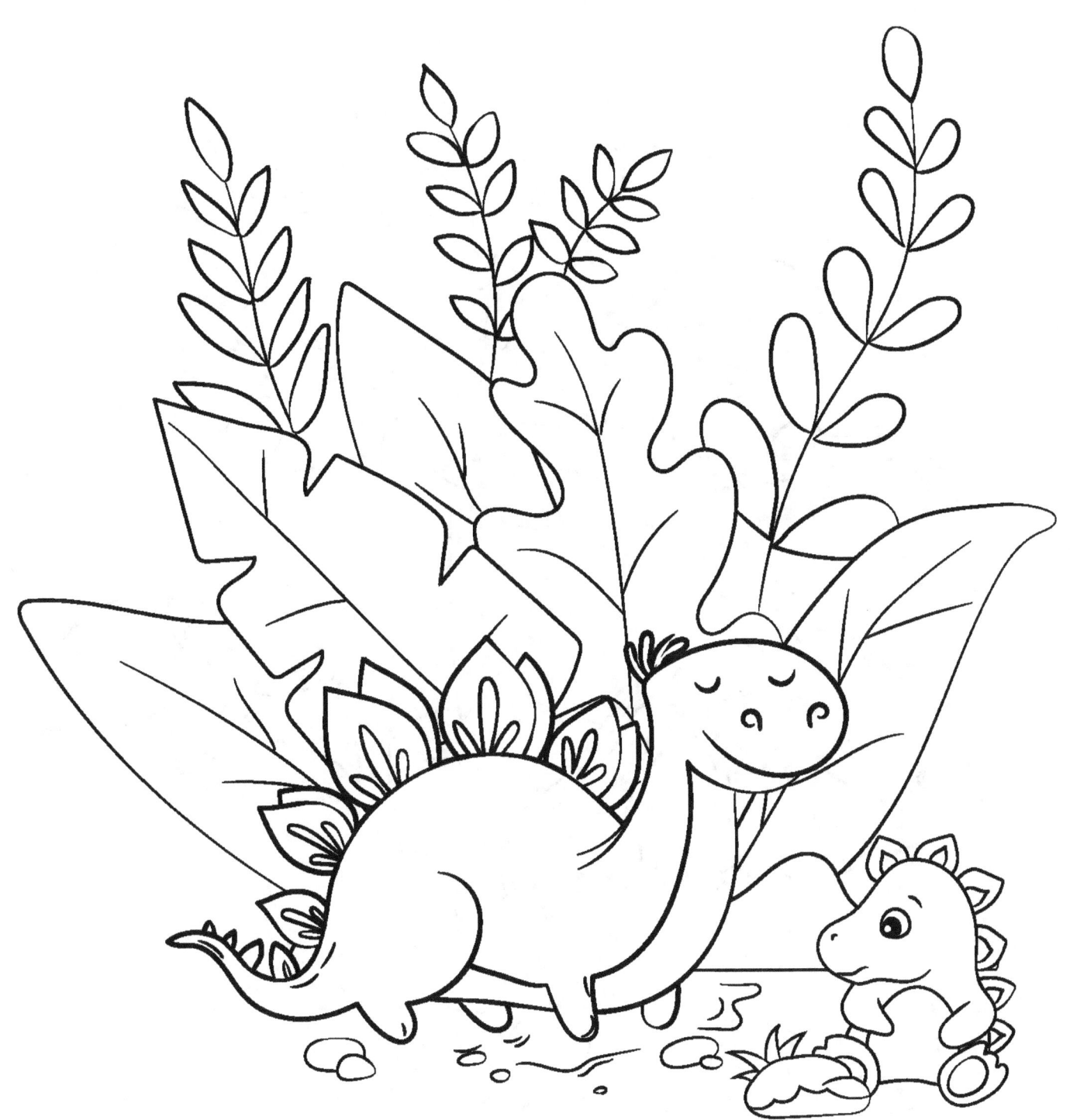

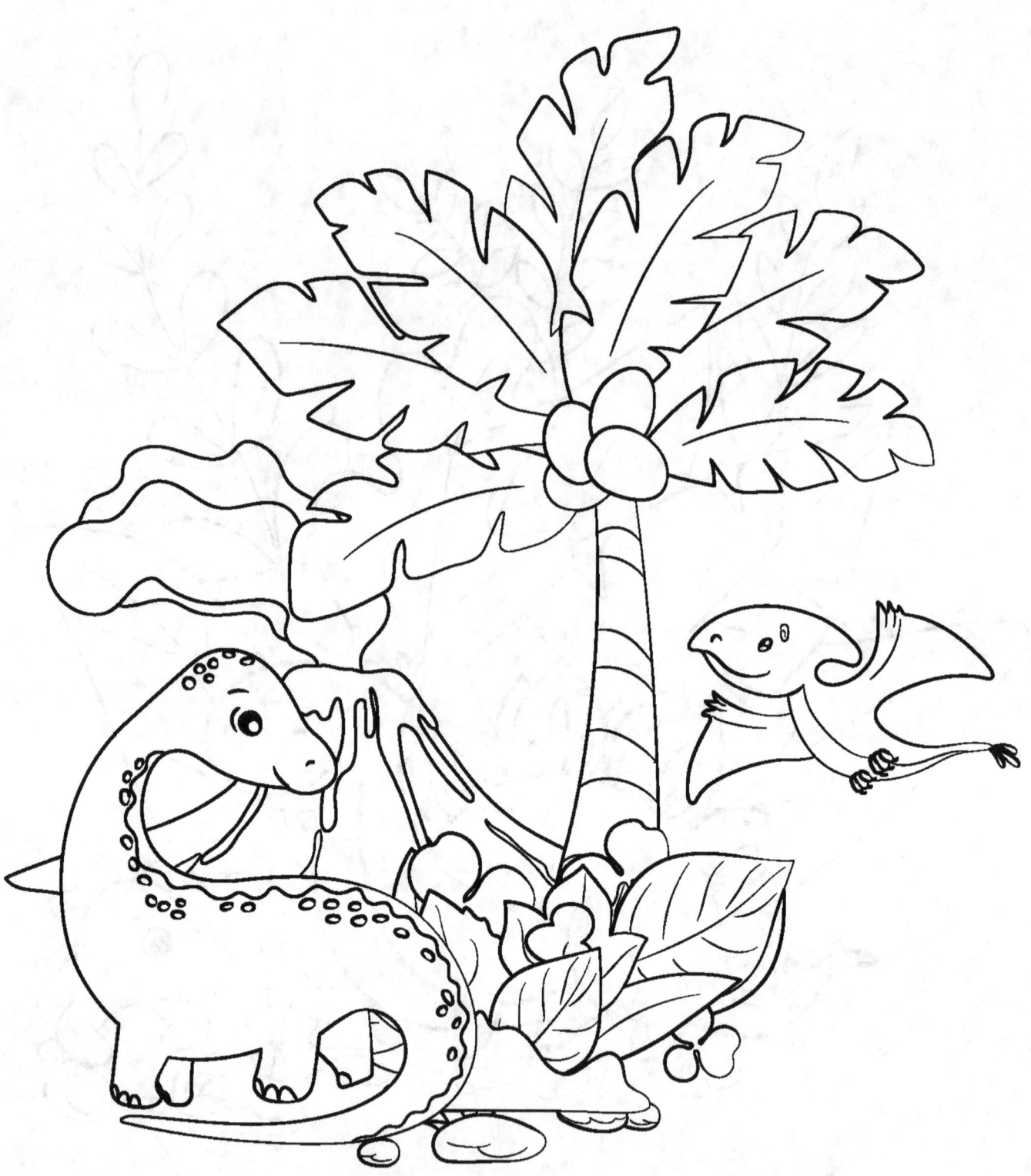

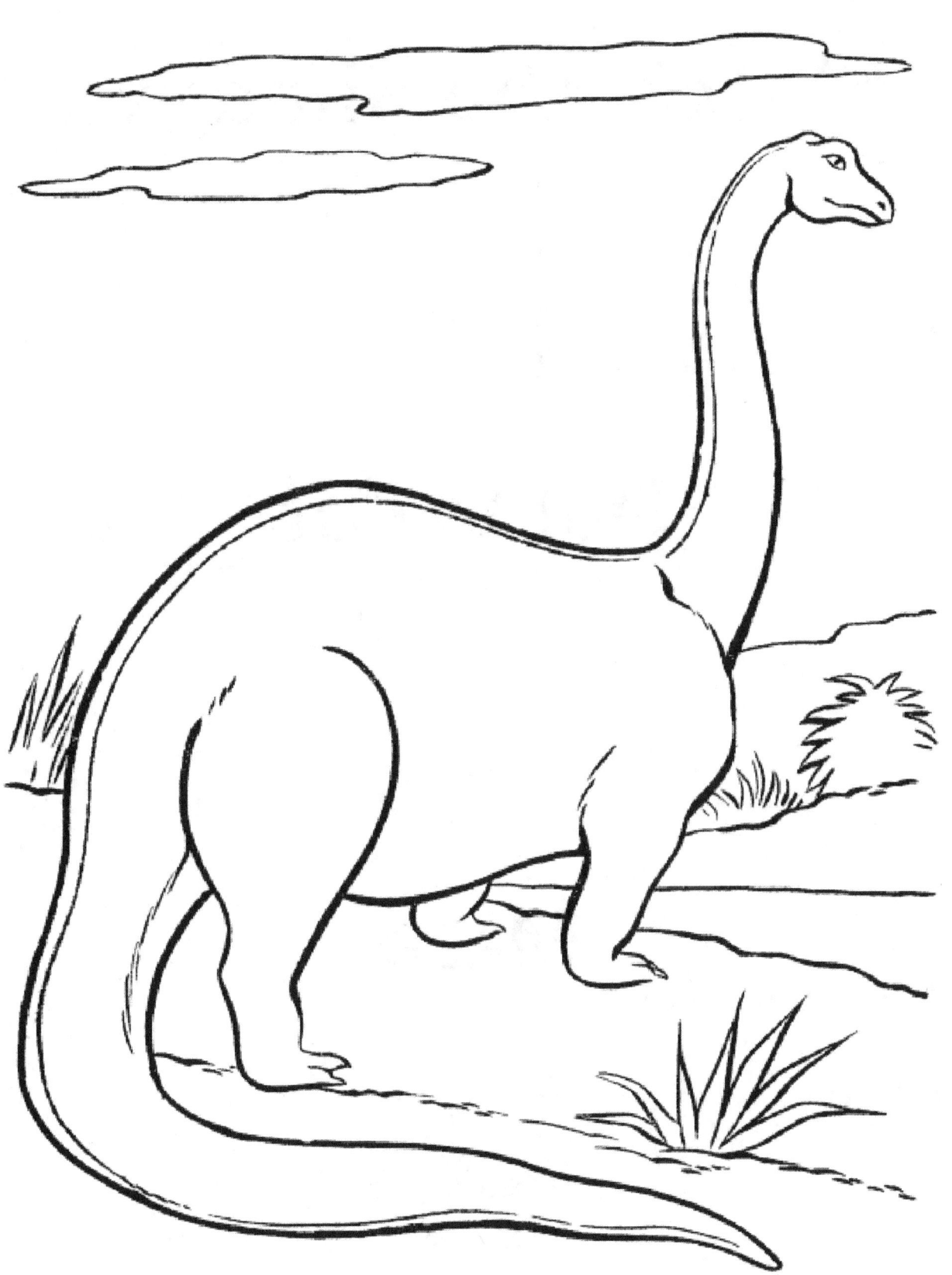

Match The Shadow,

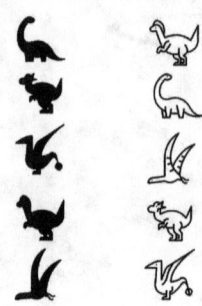

Dot to dot

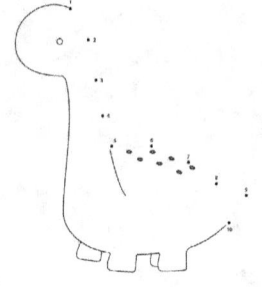

Maze

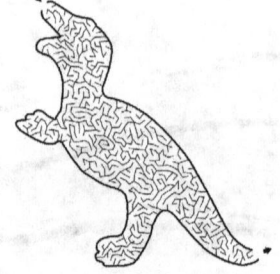

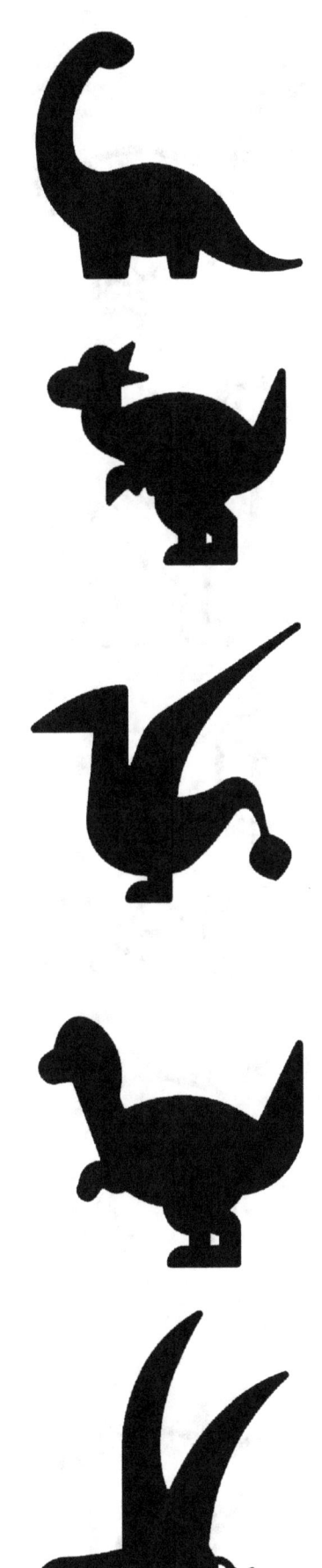
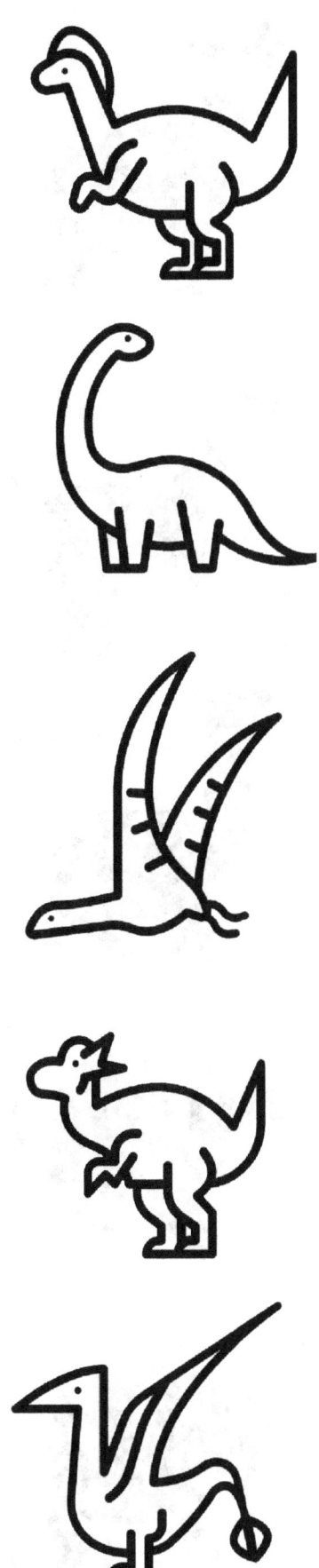

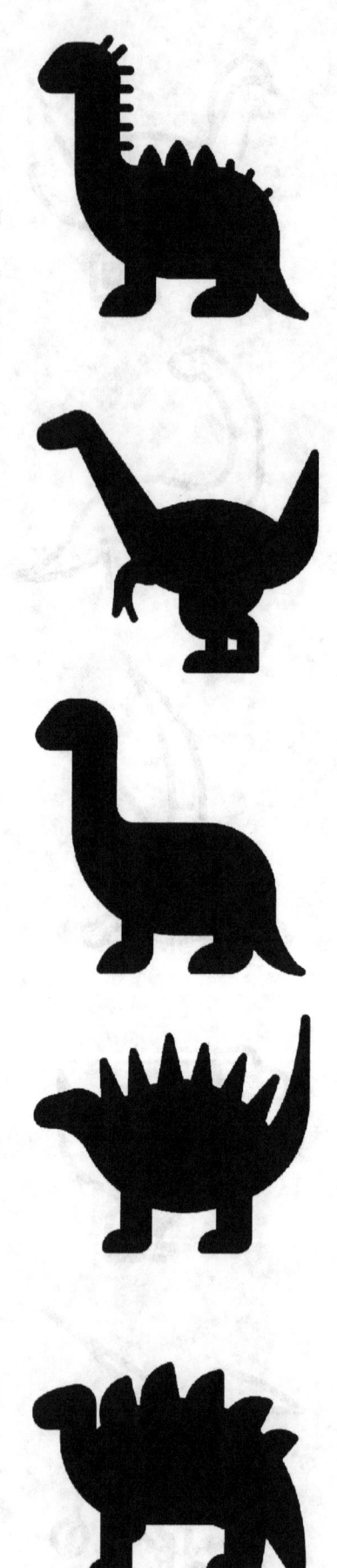
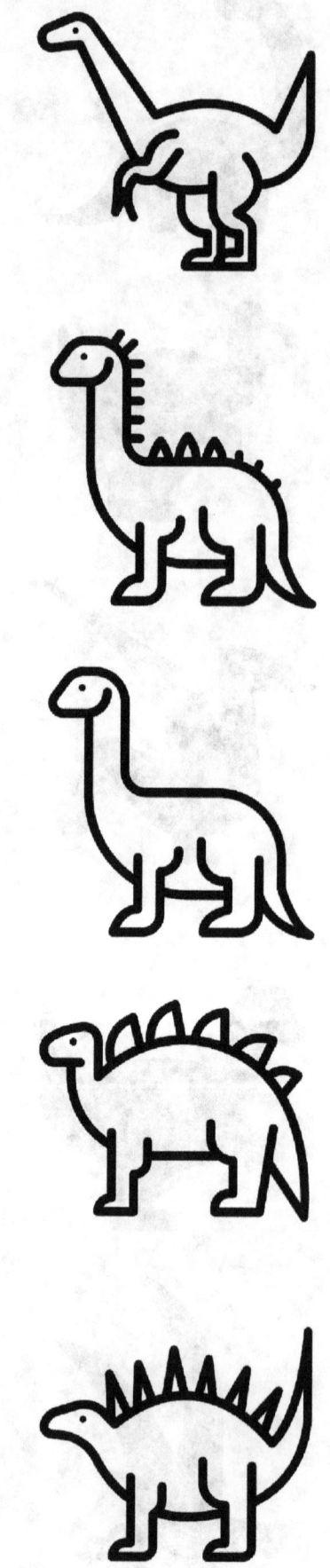

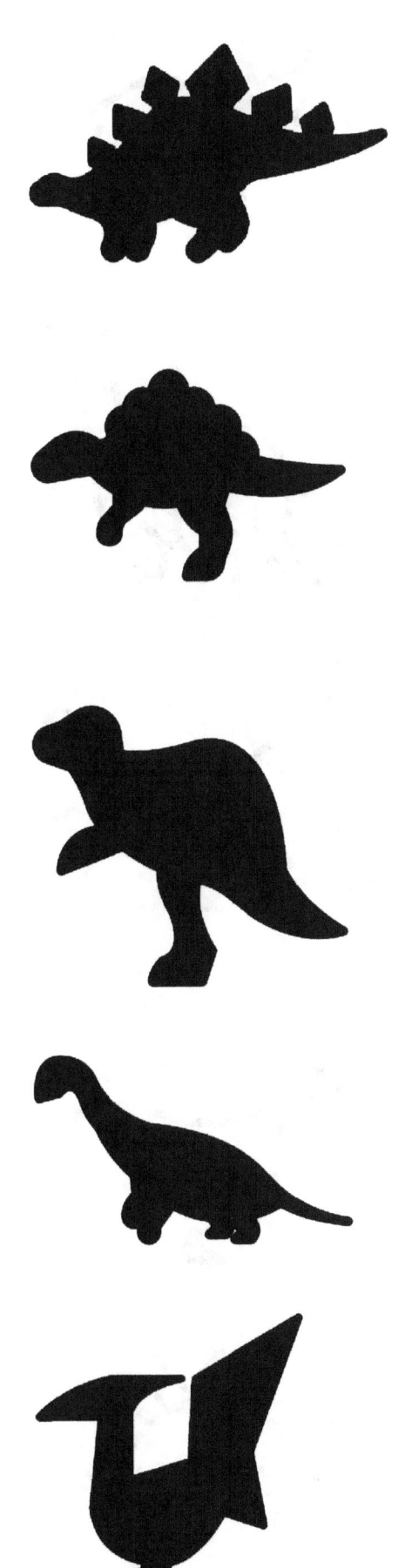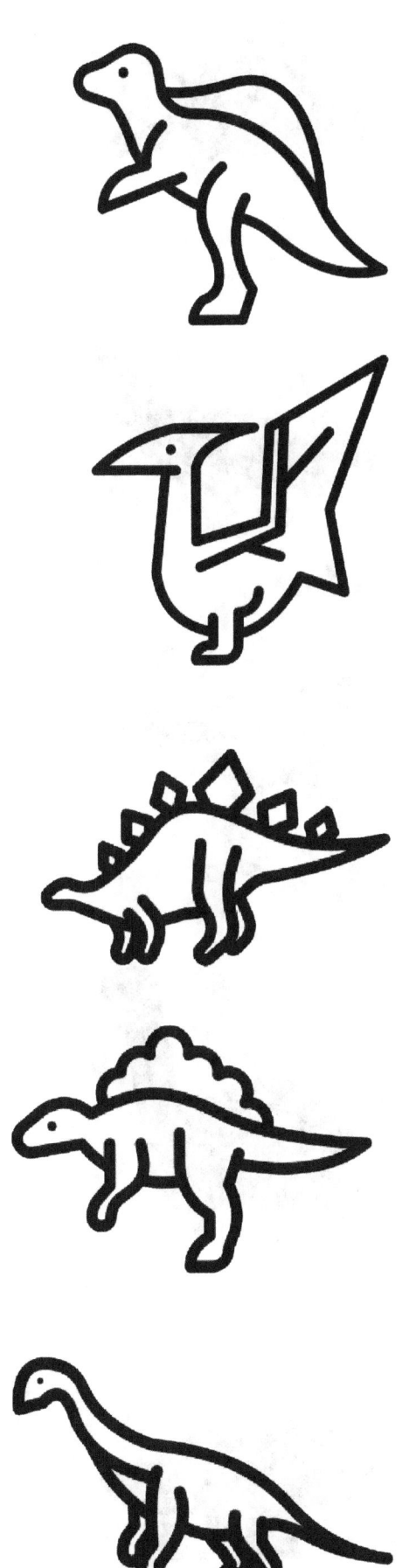

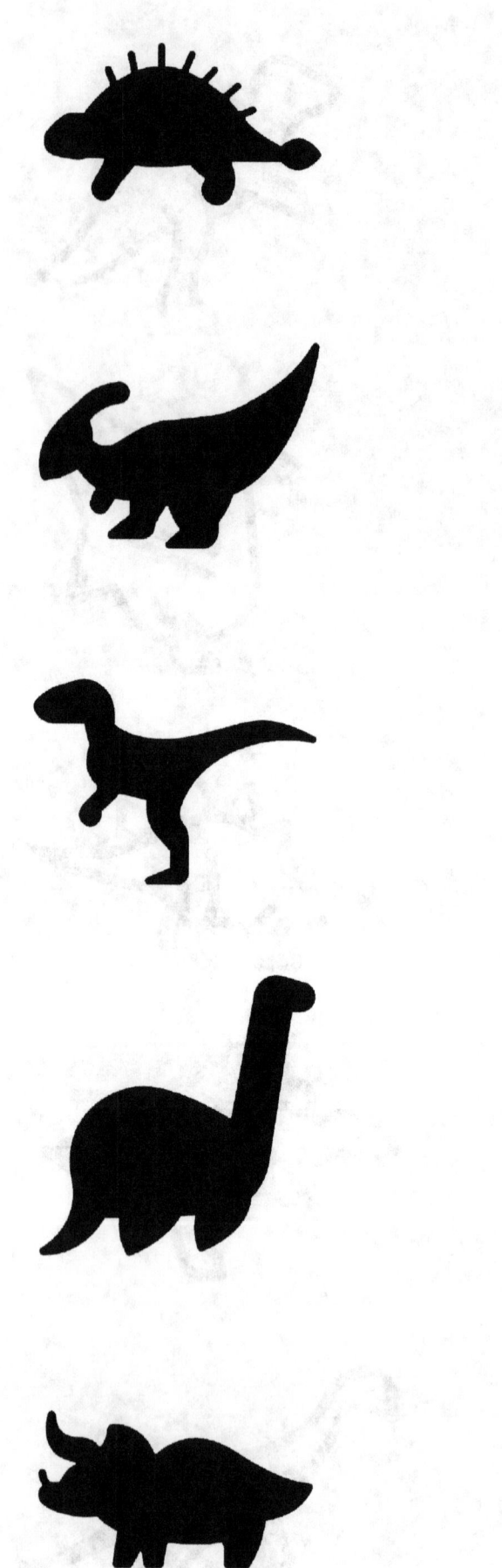
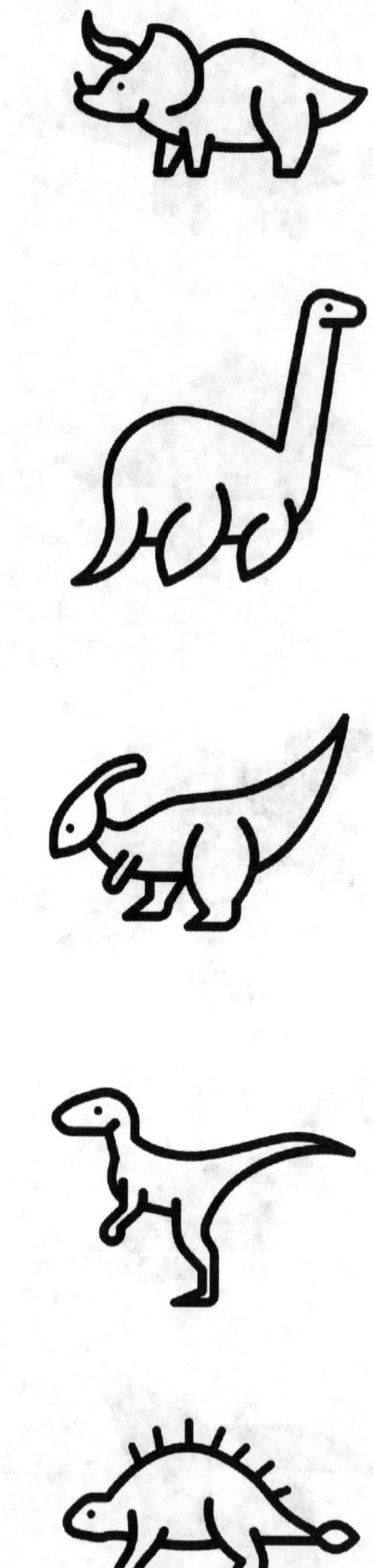

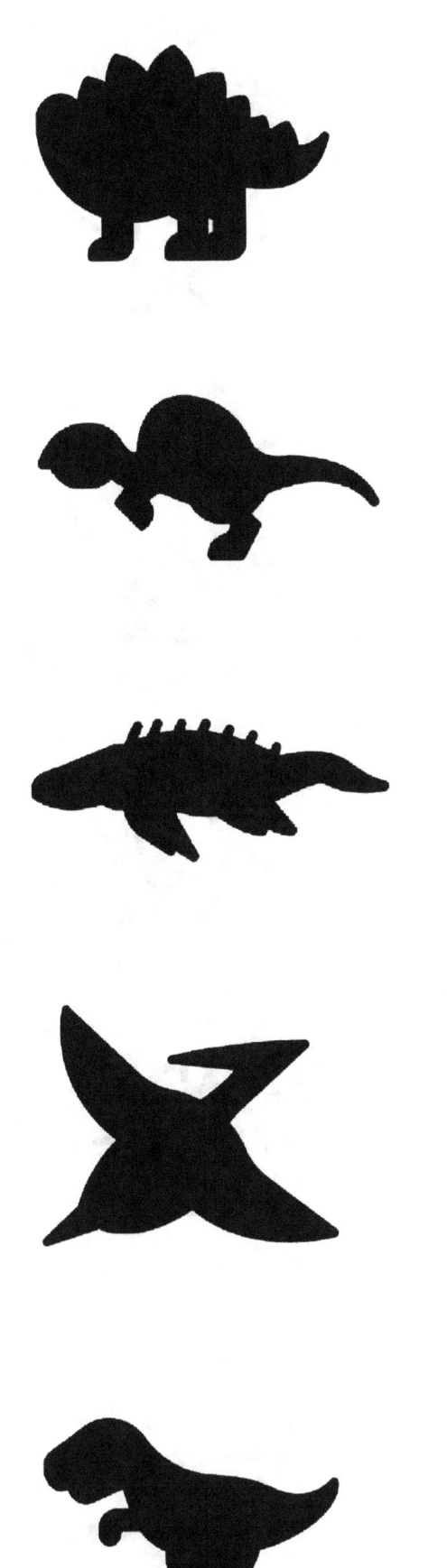
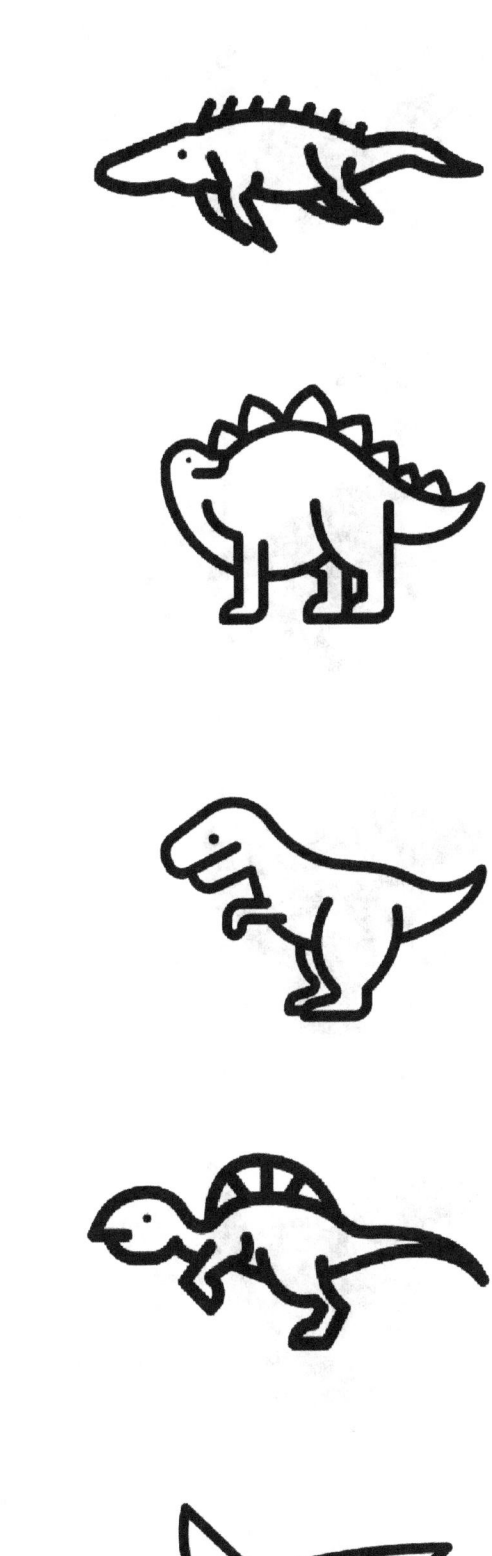

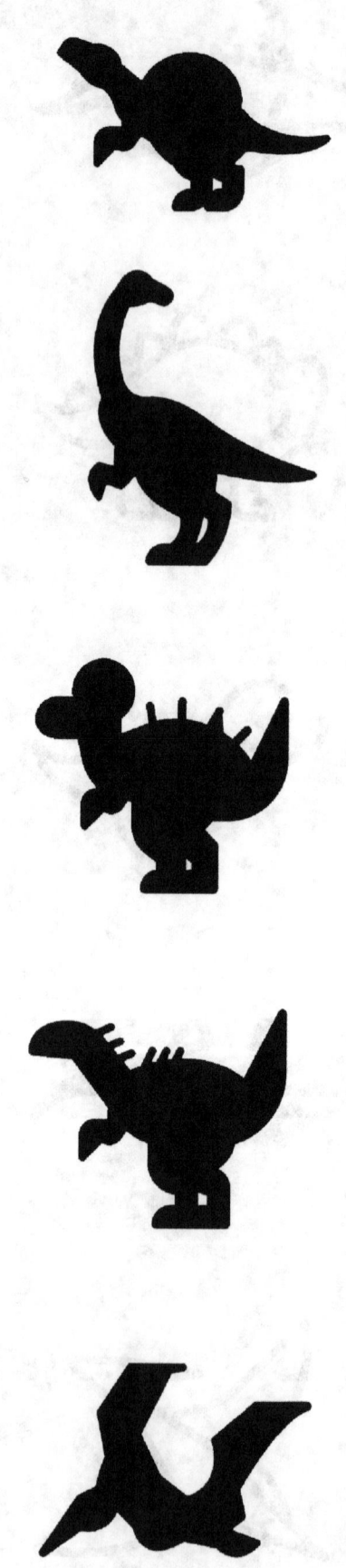
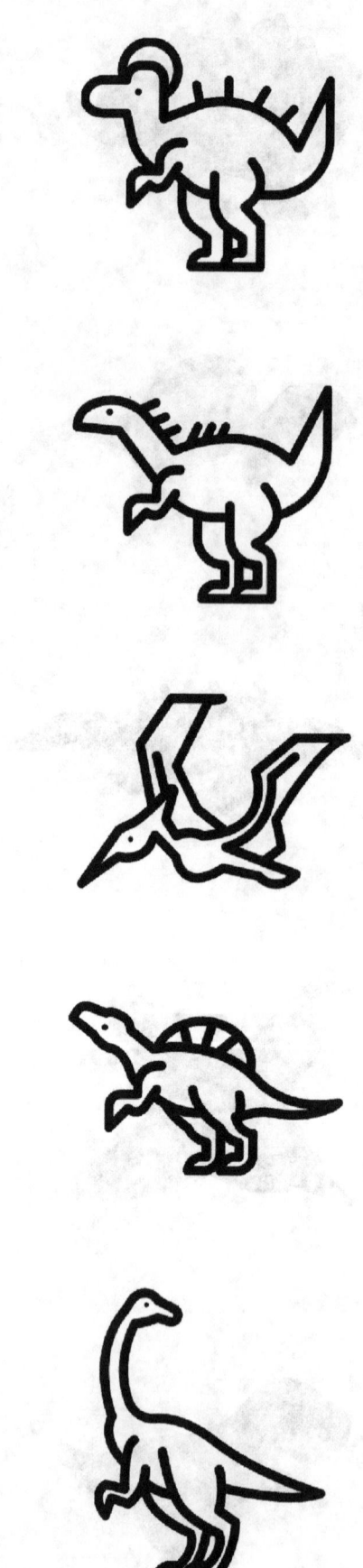

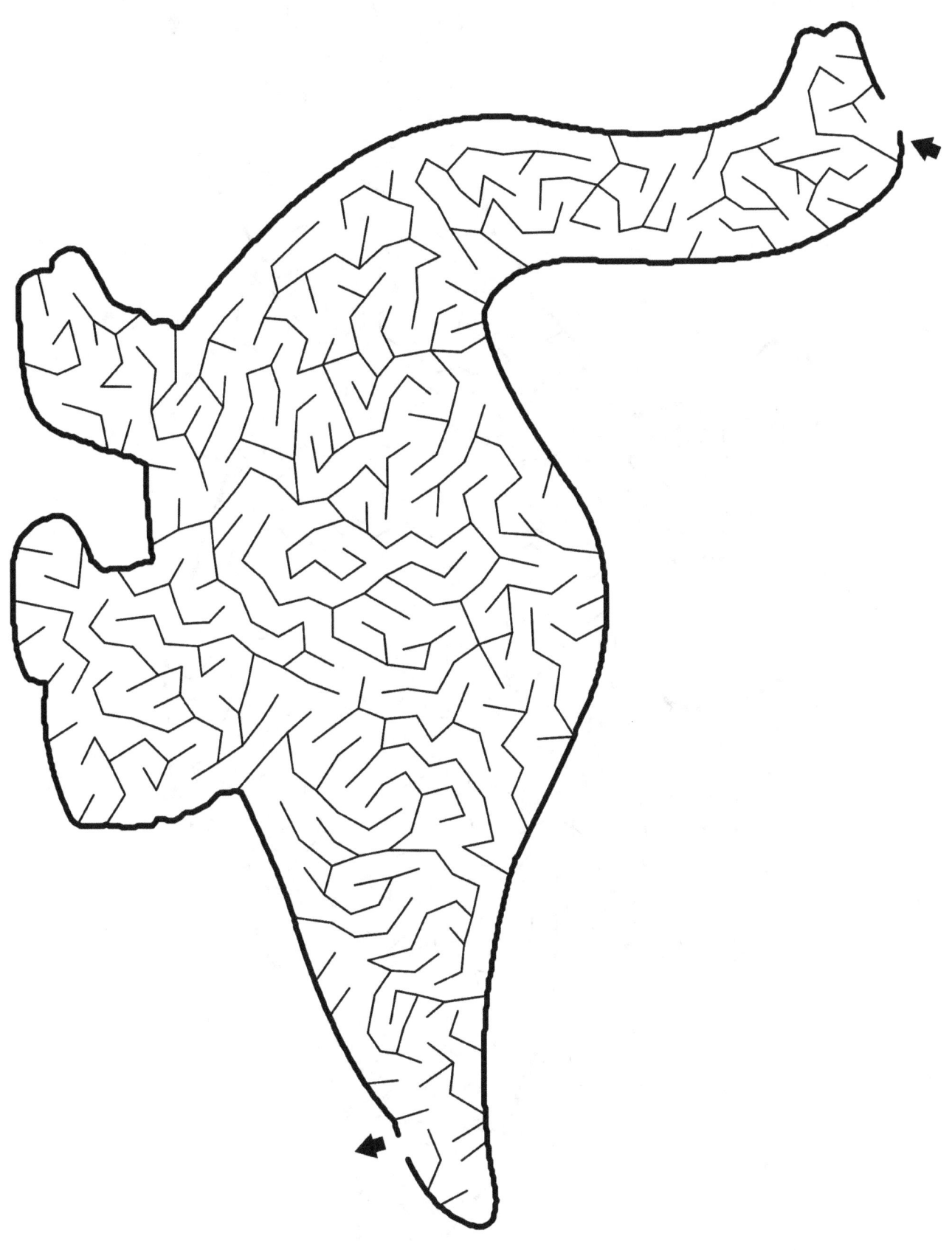

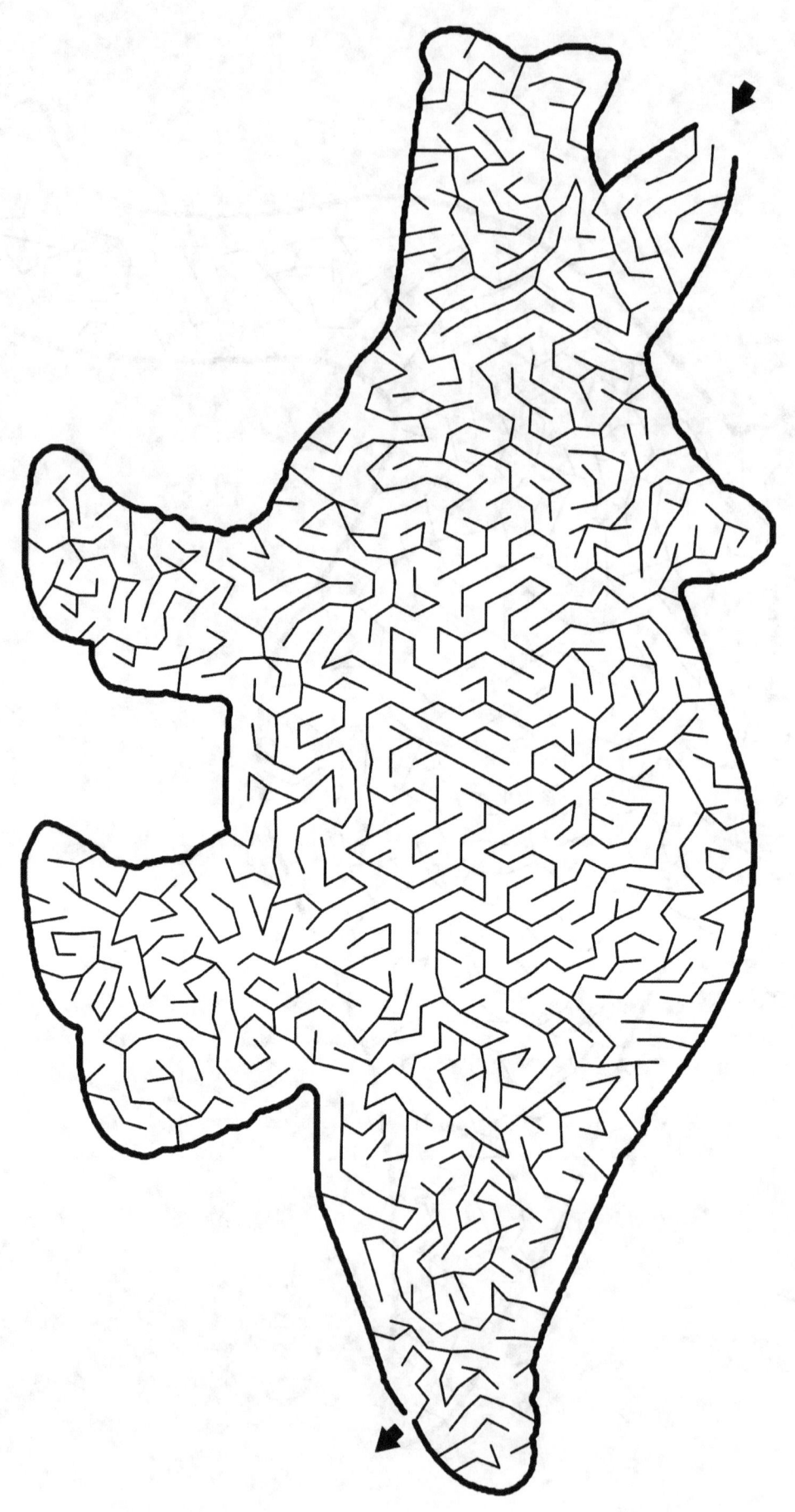

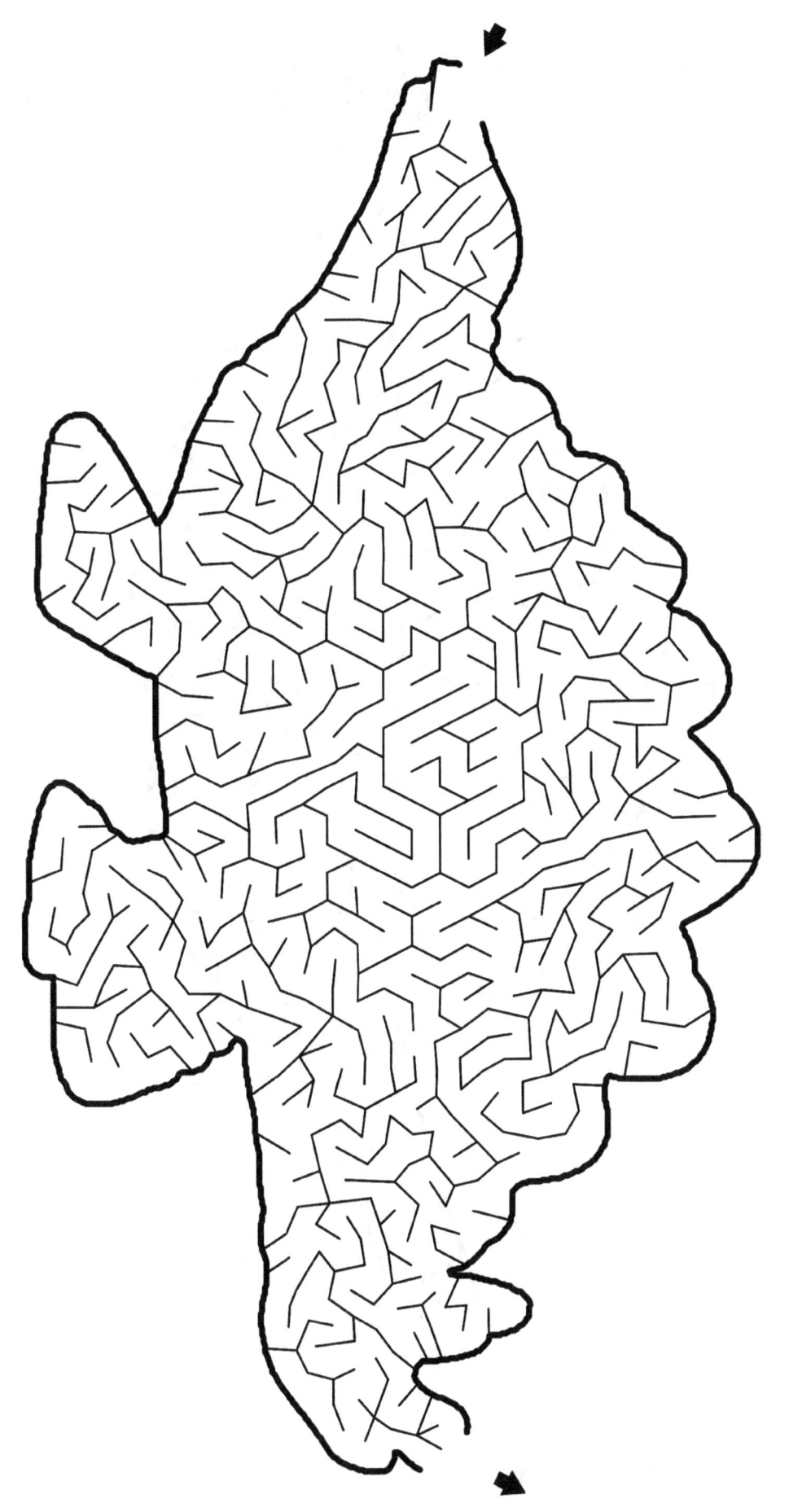

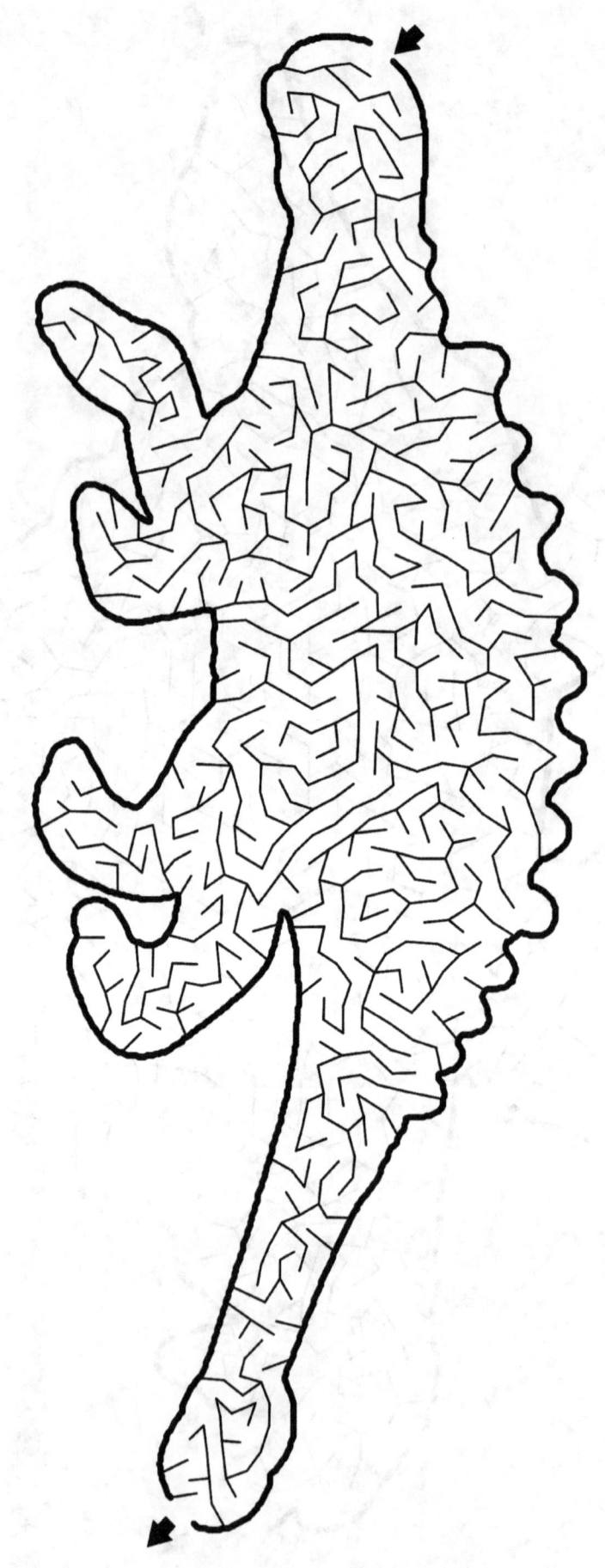

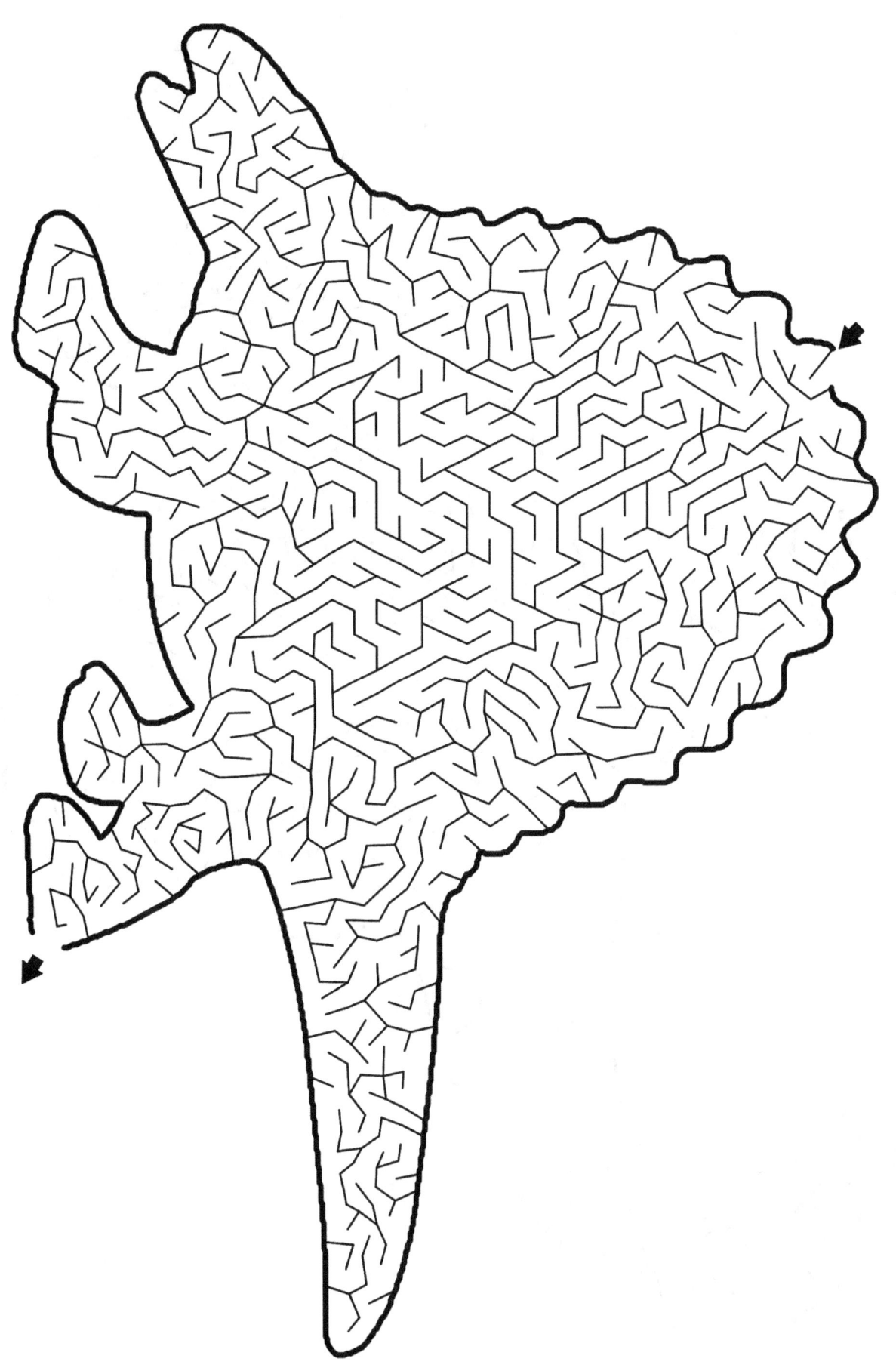

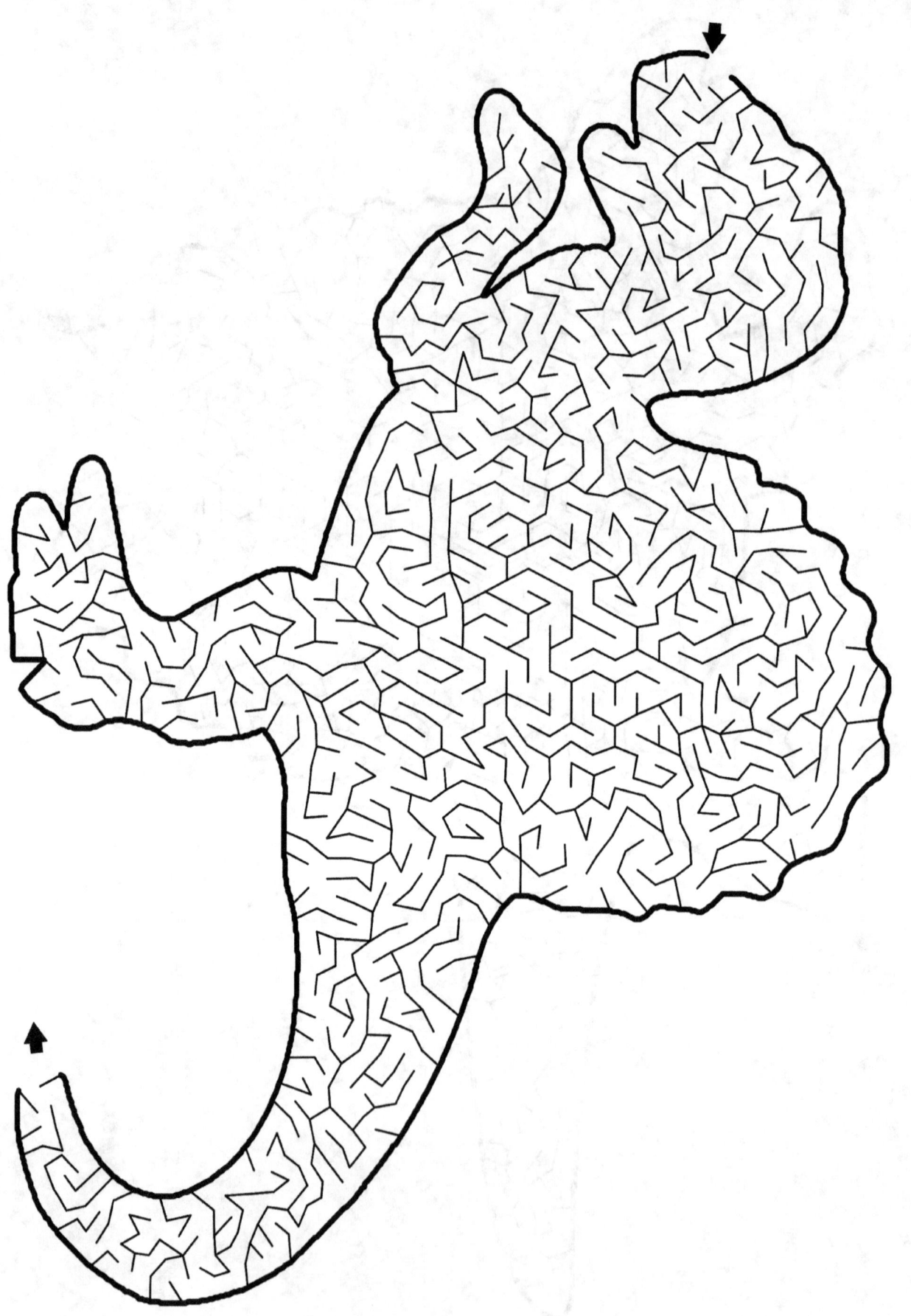

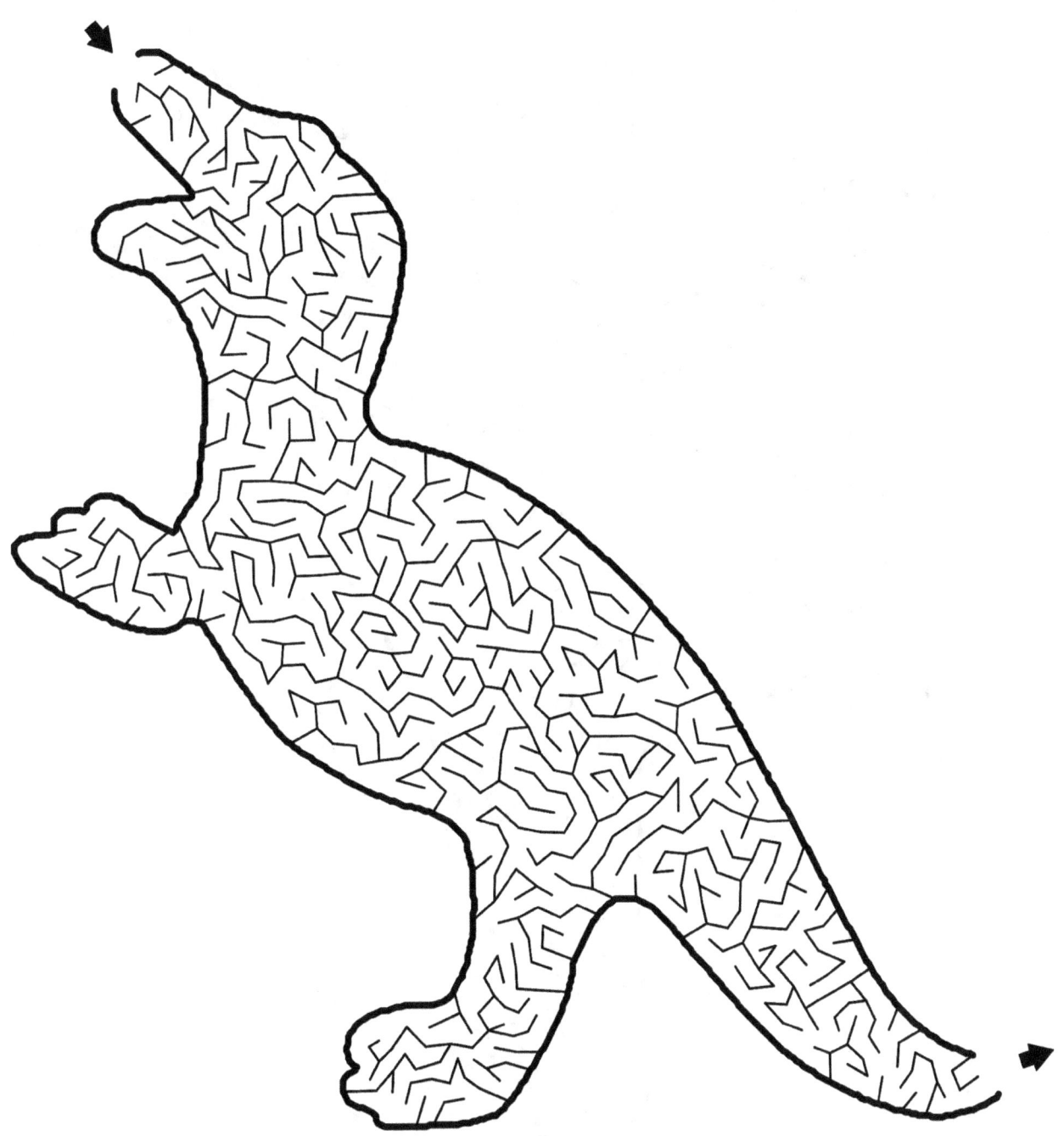

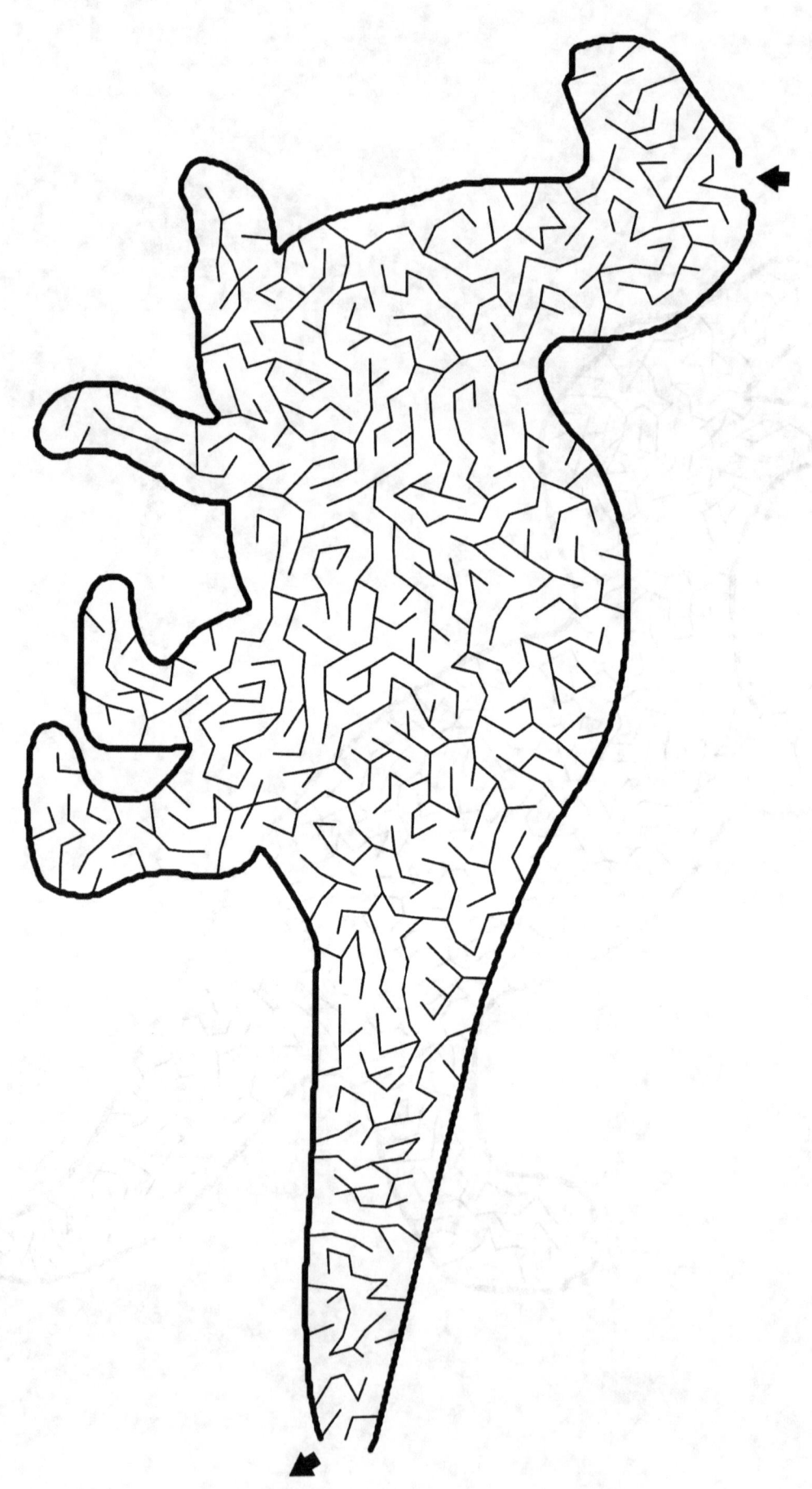

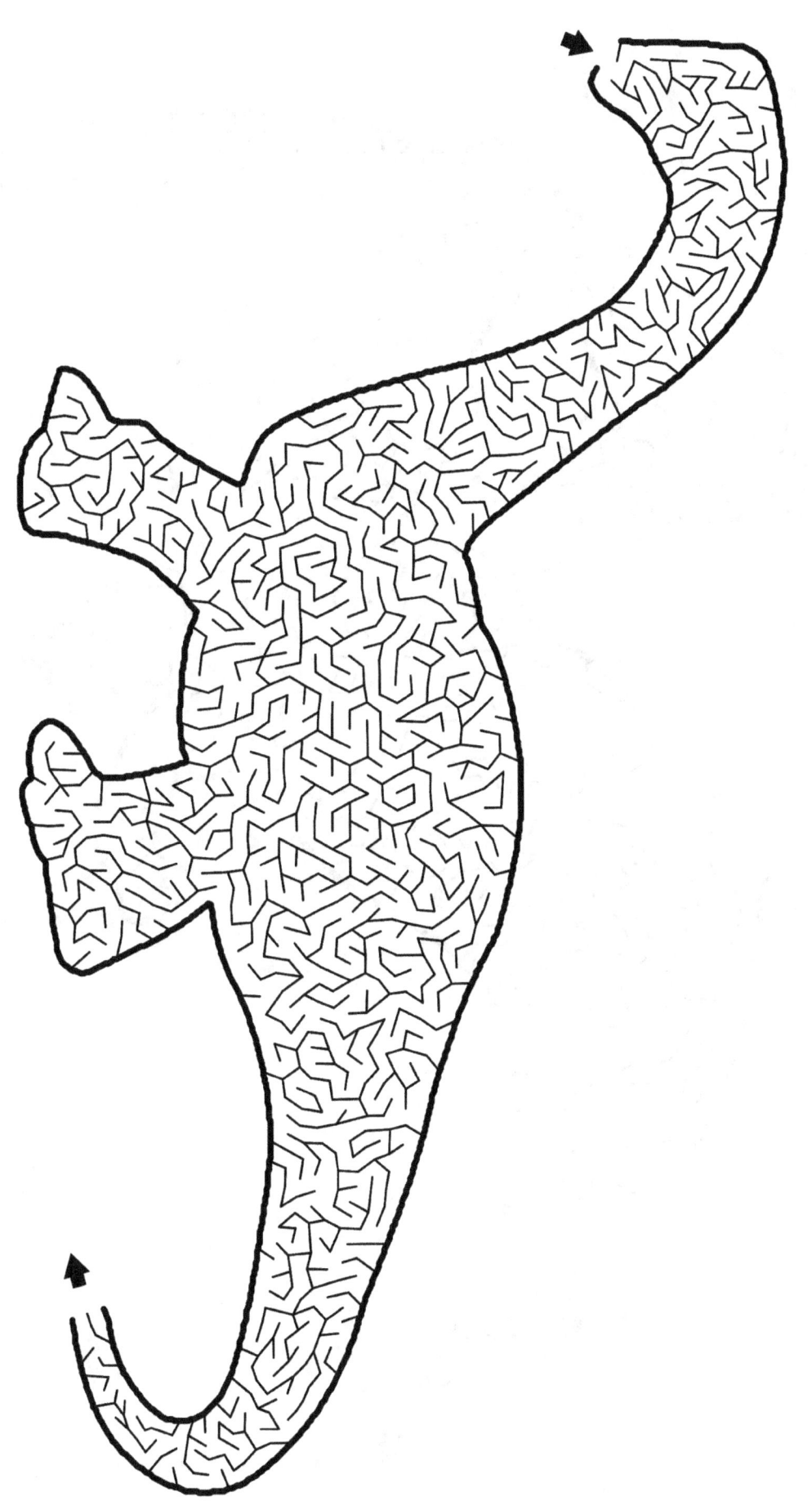

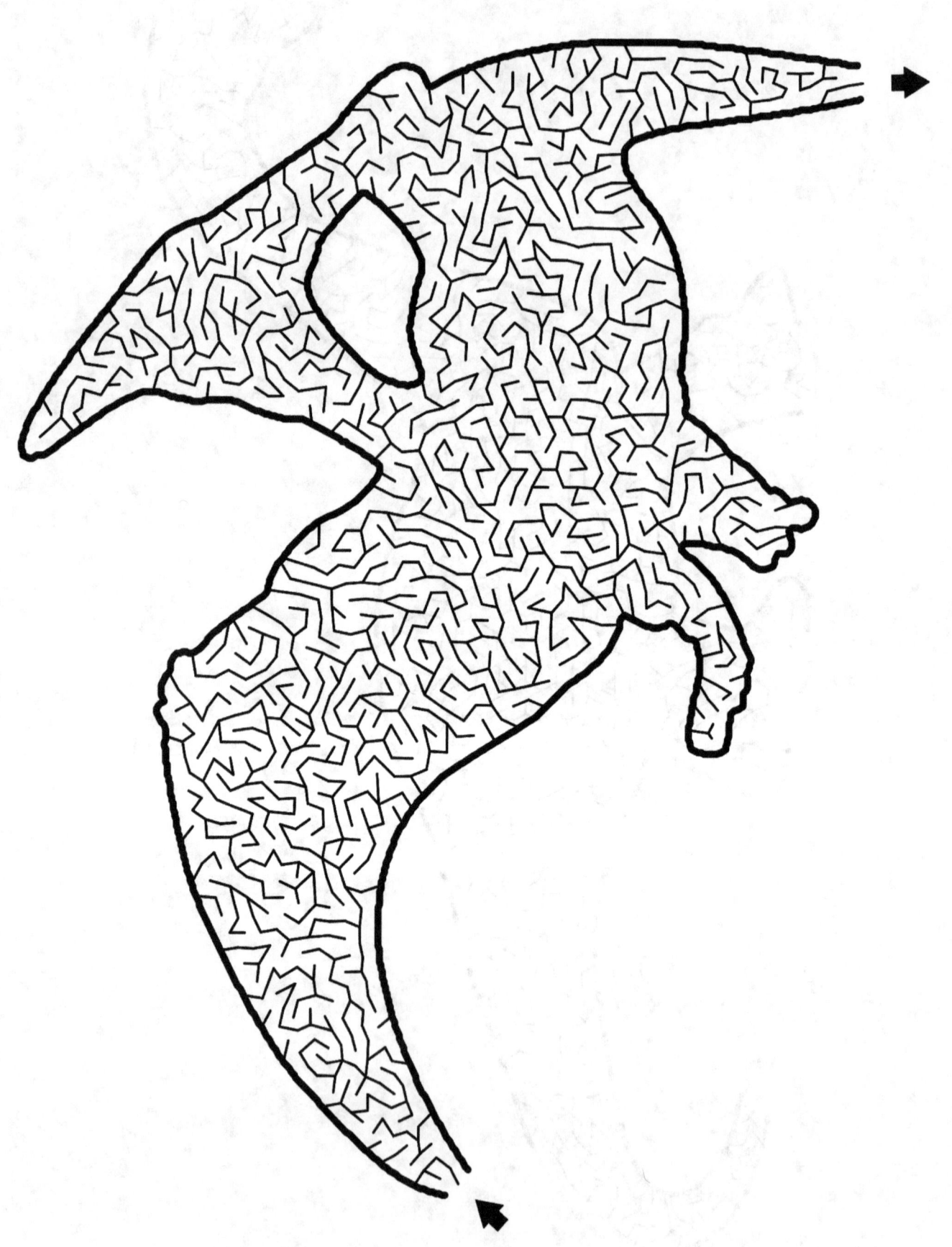

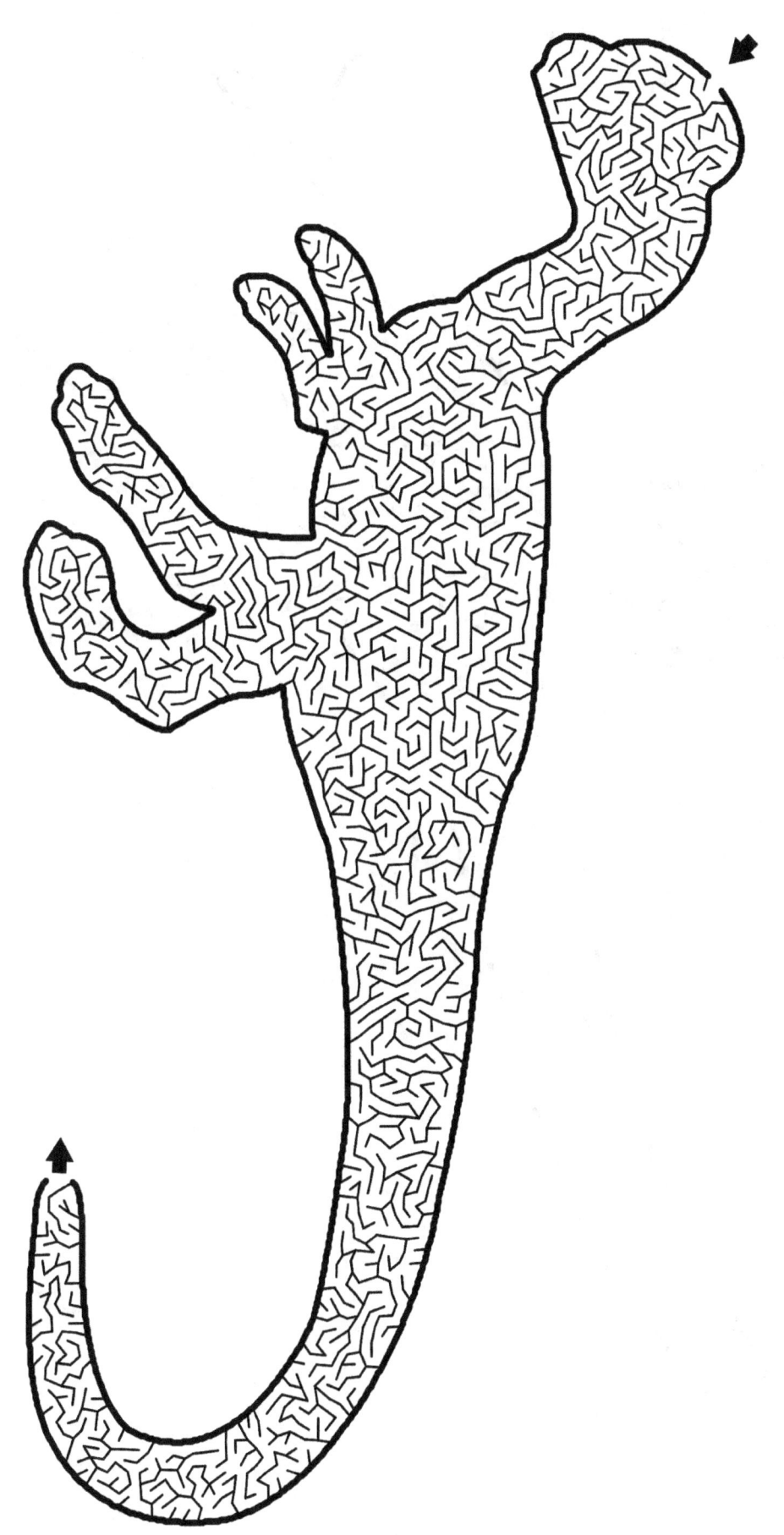

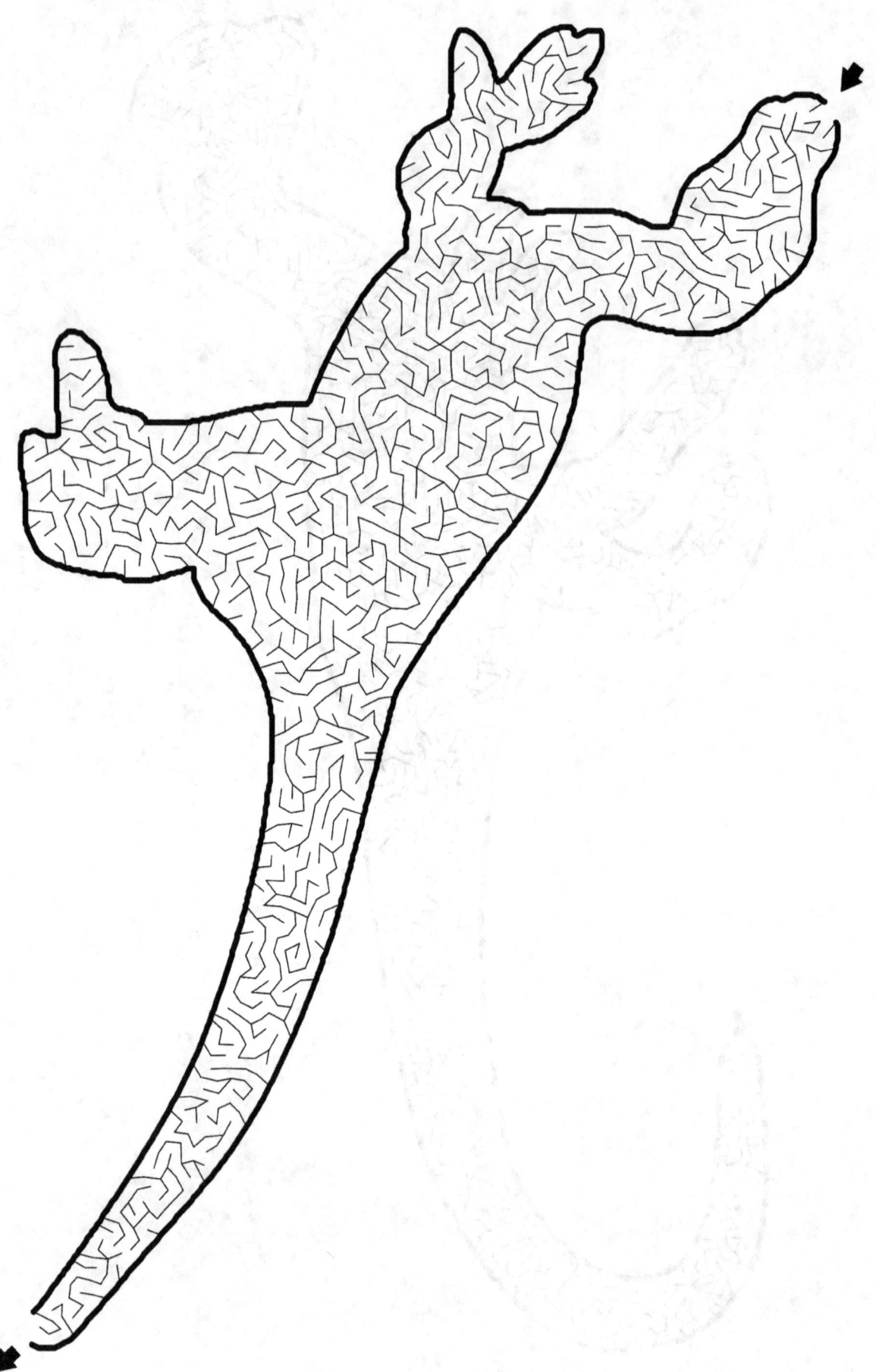

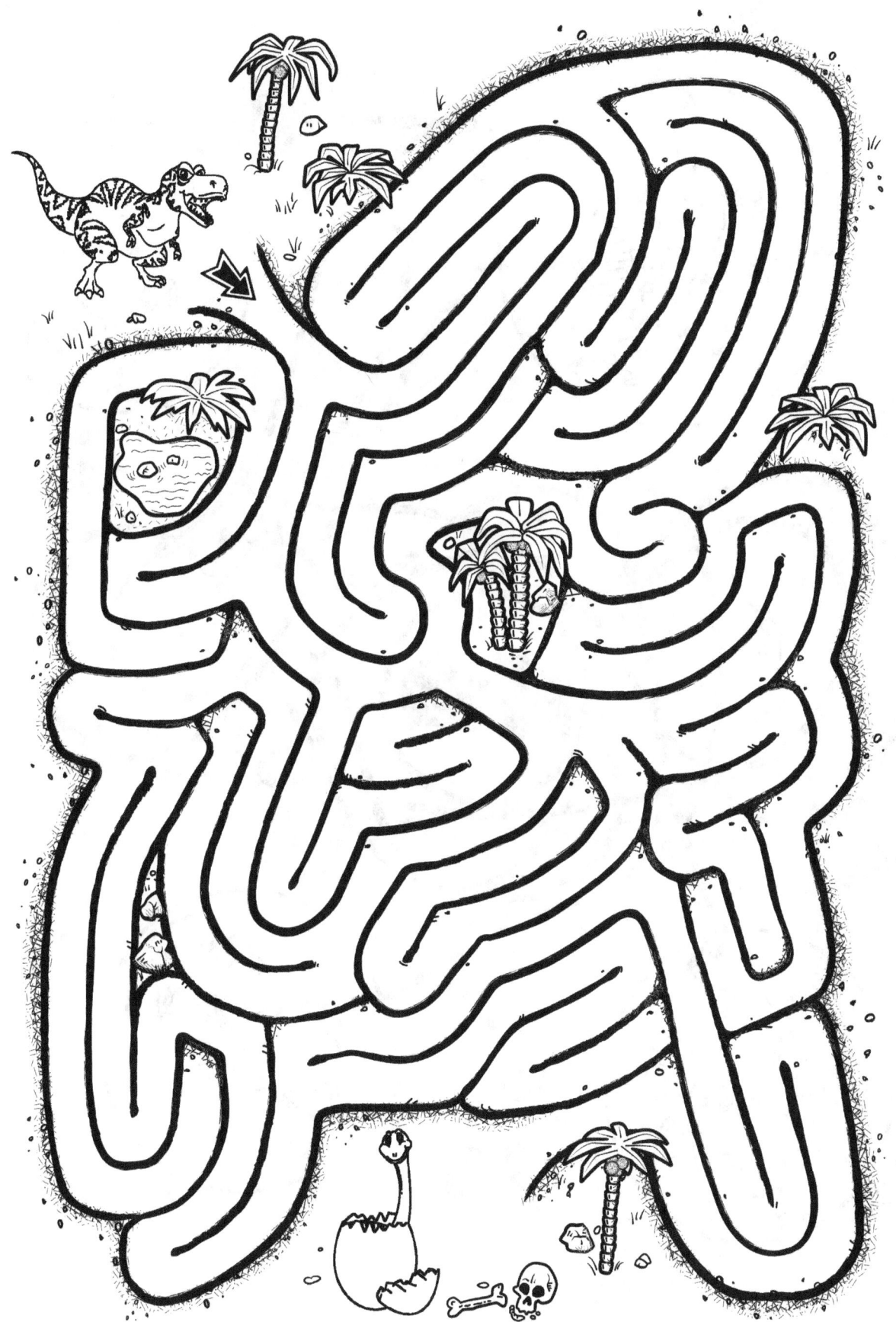

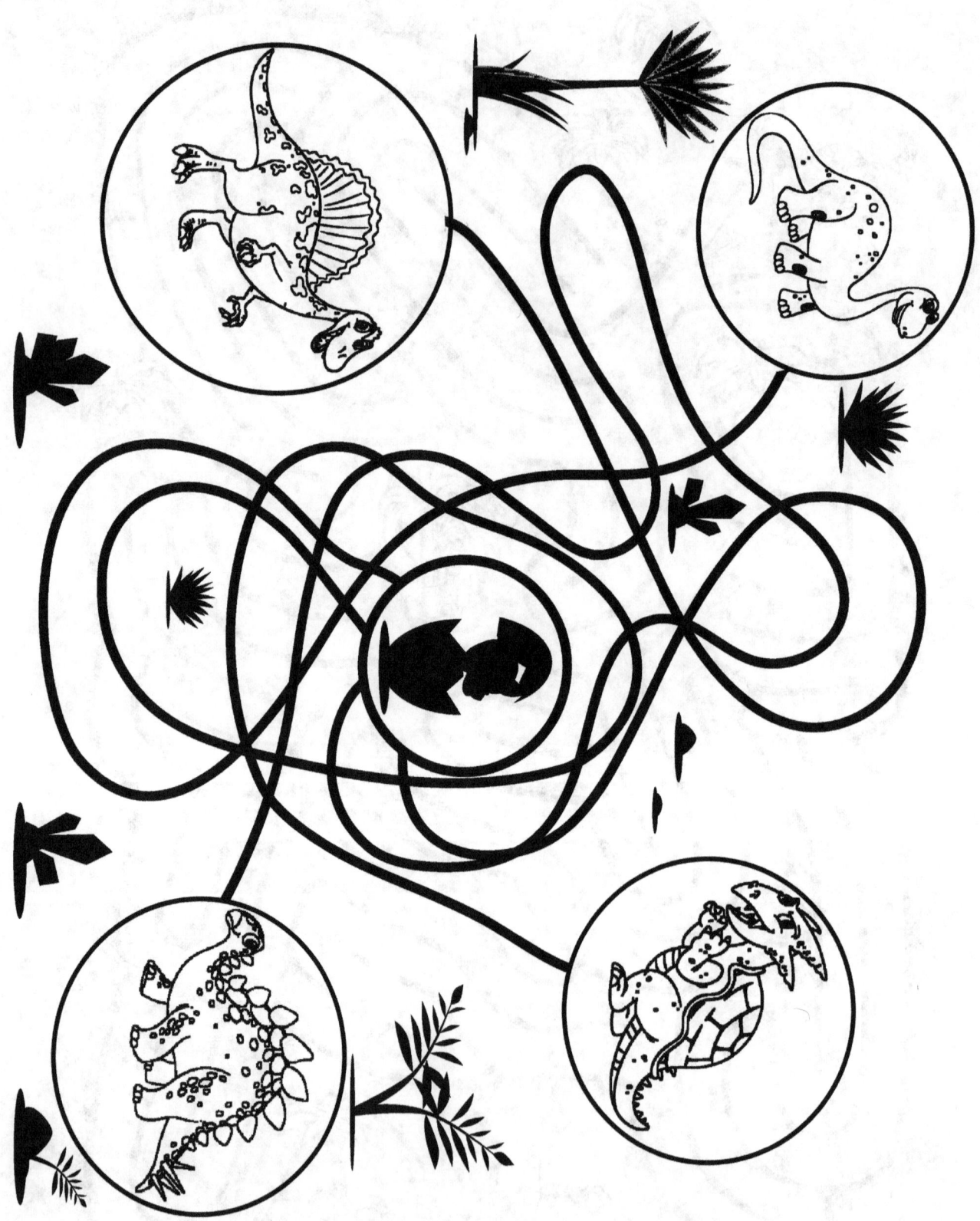

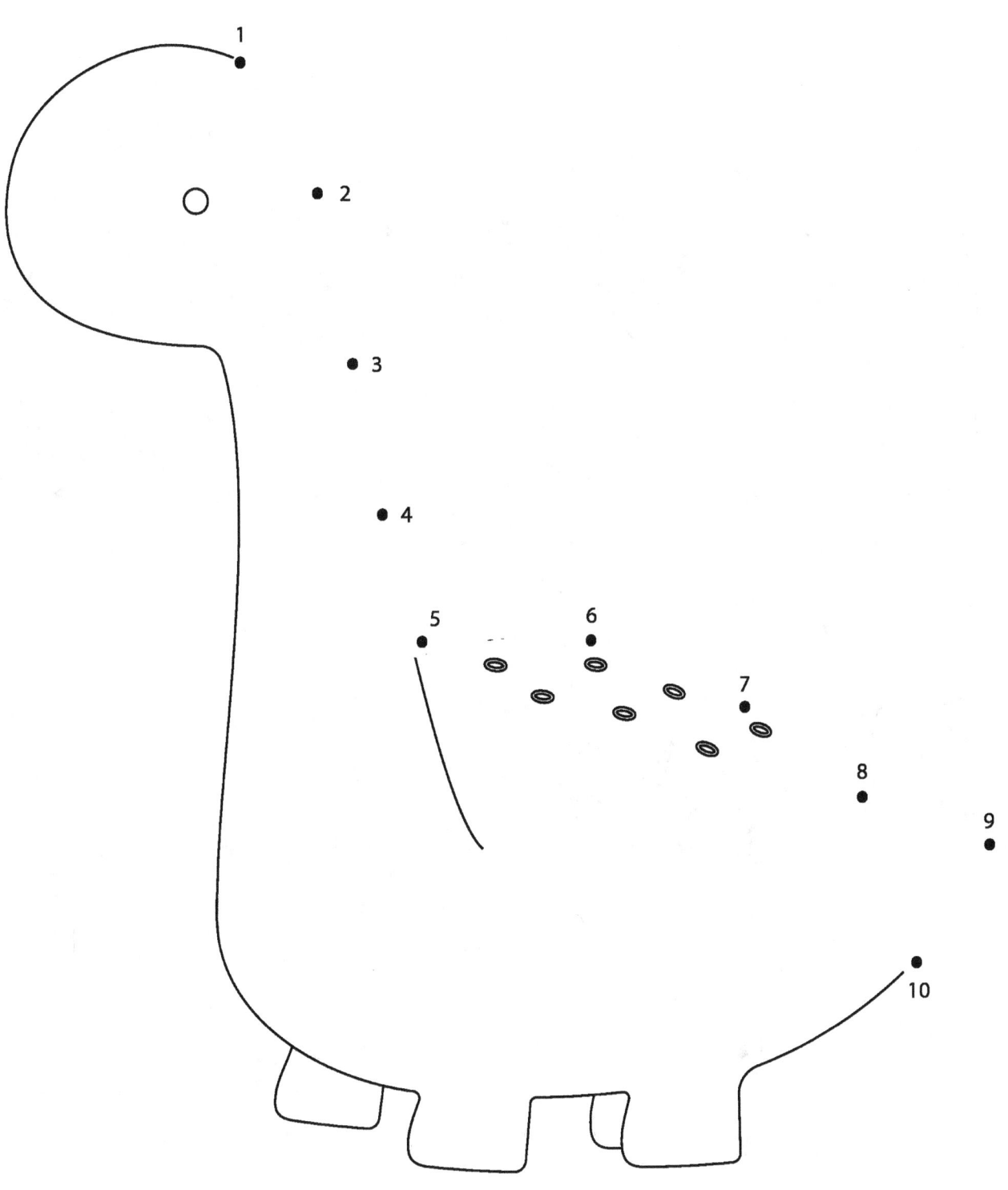

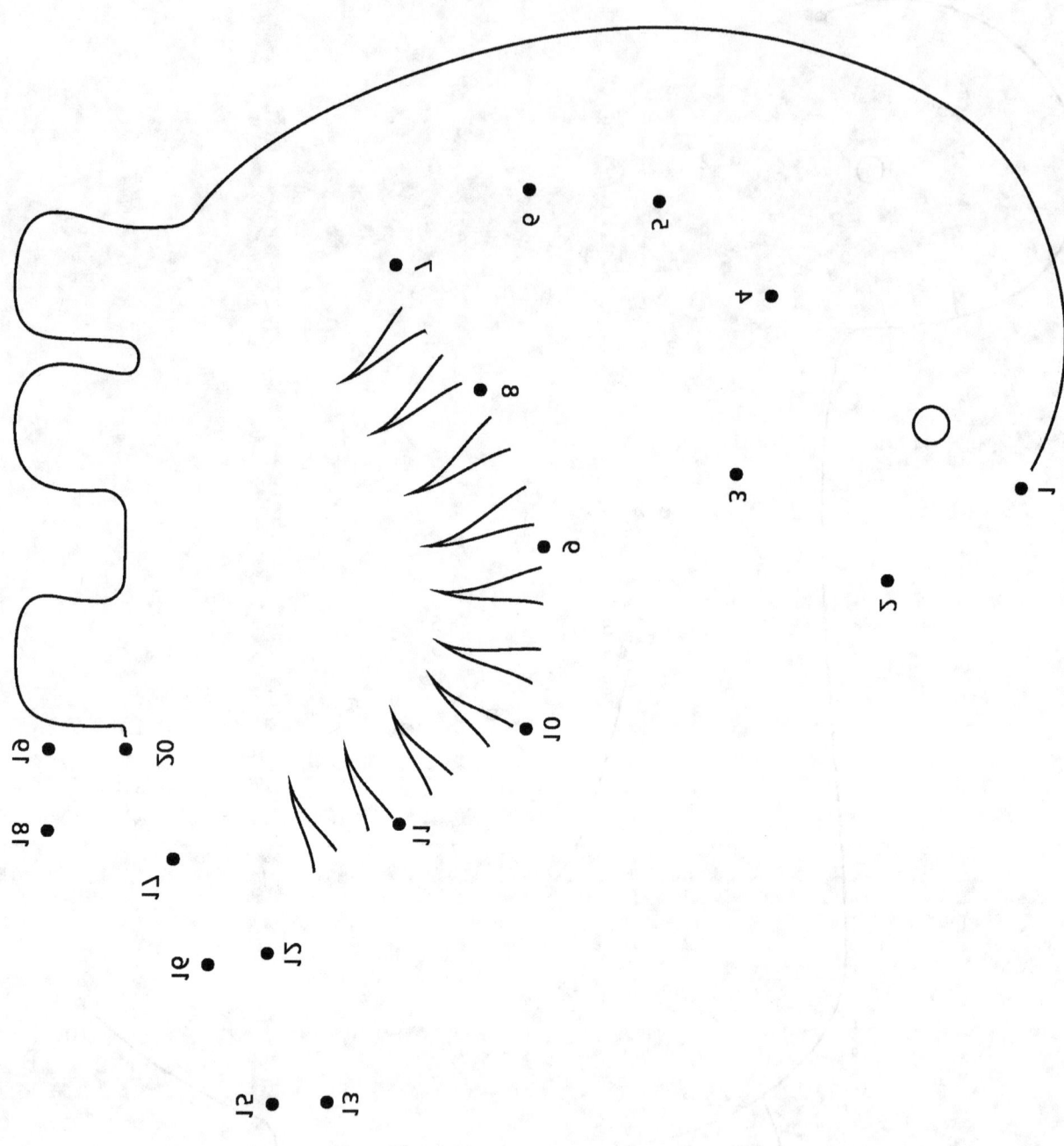

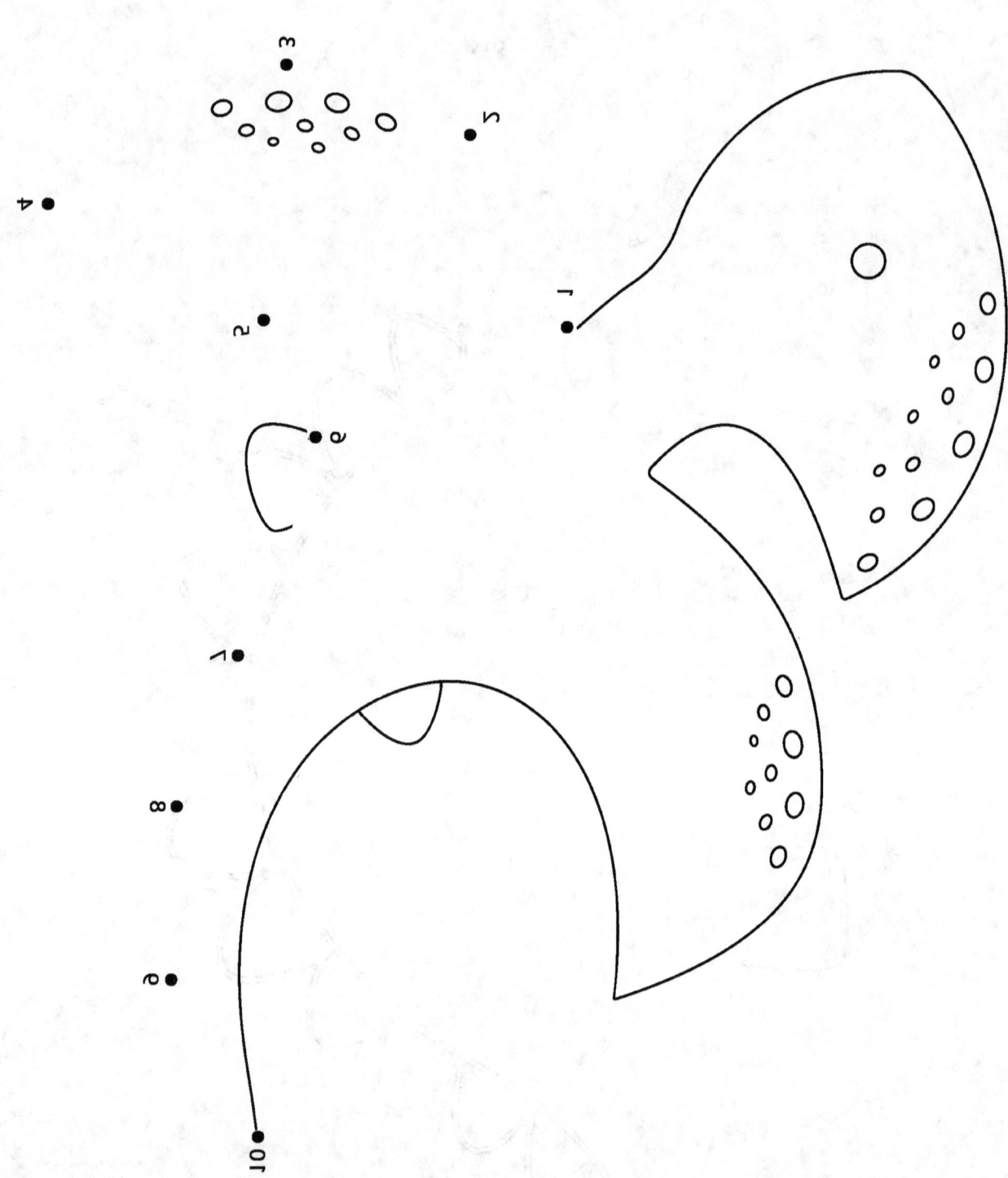

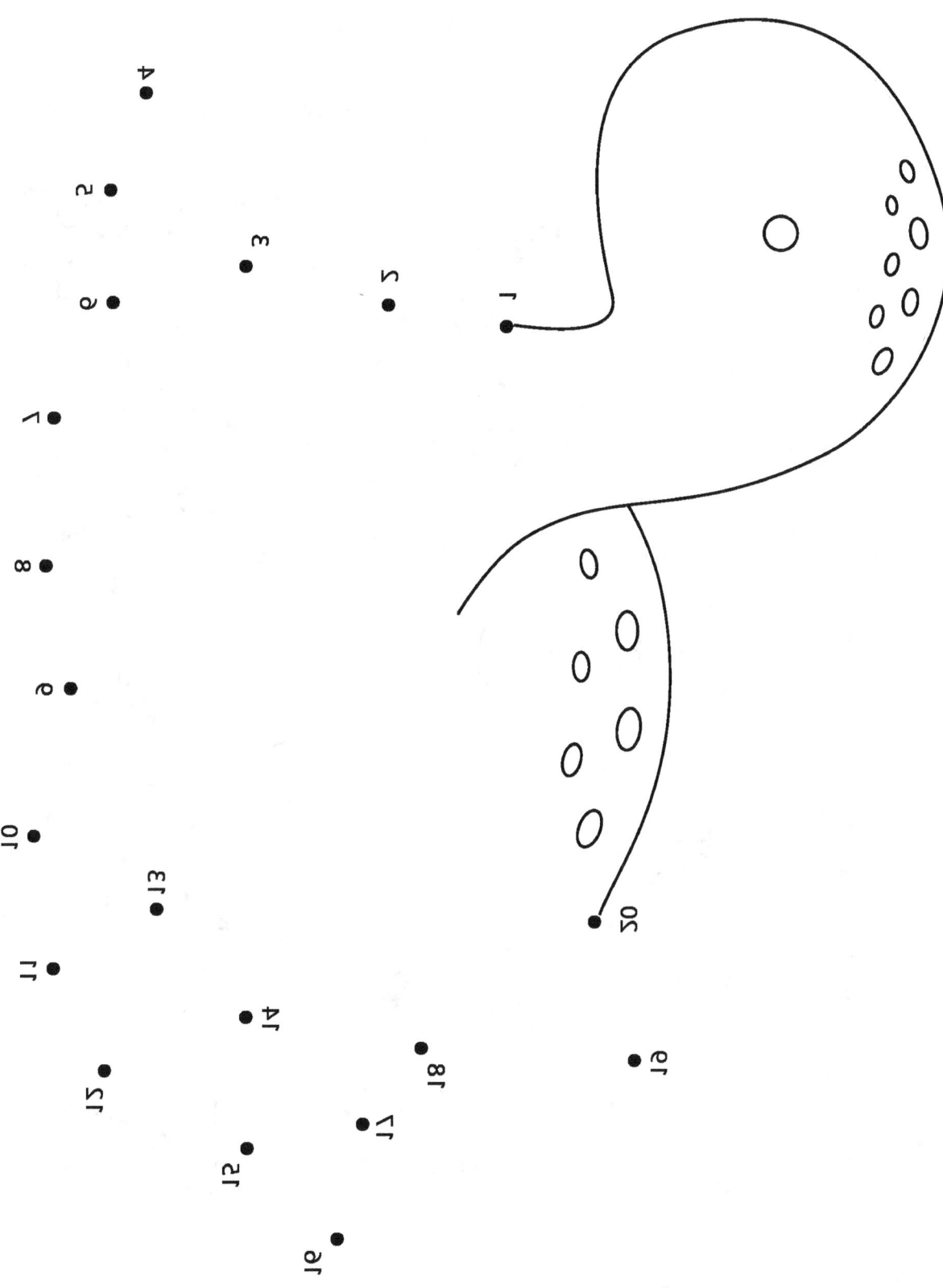

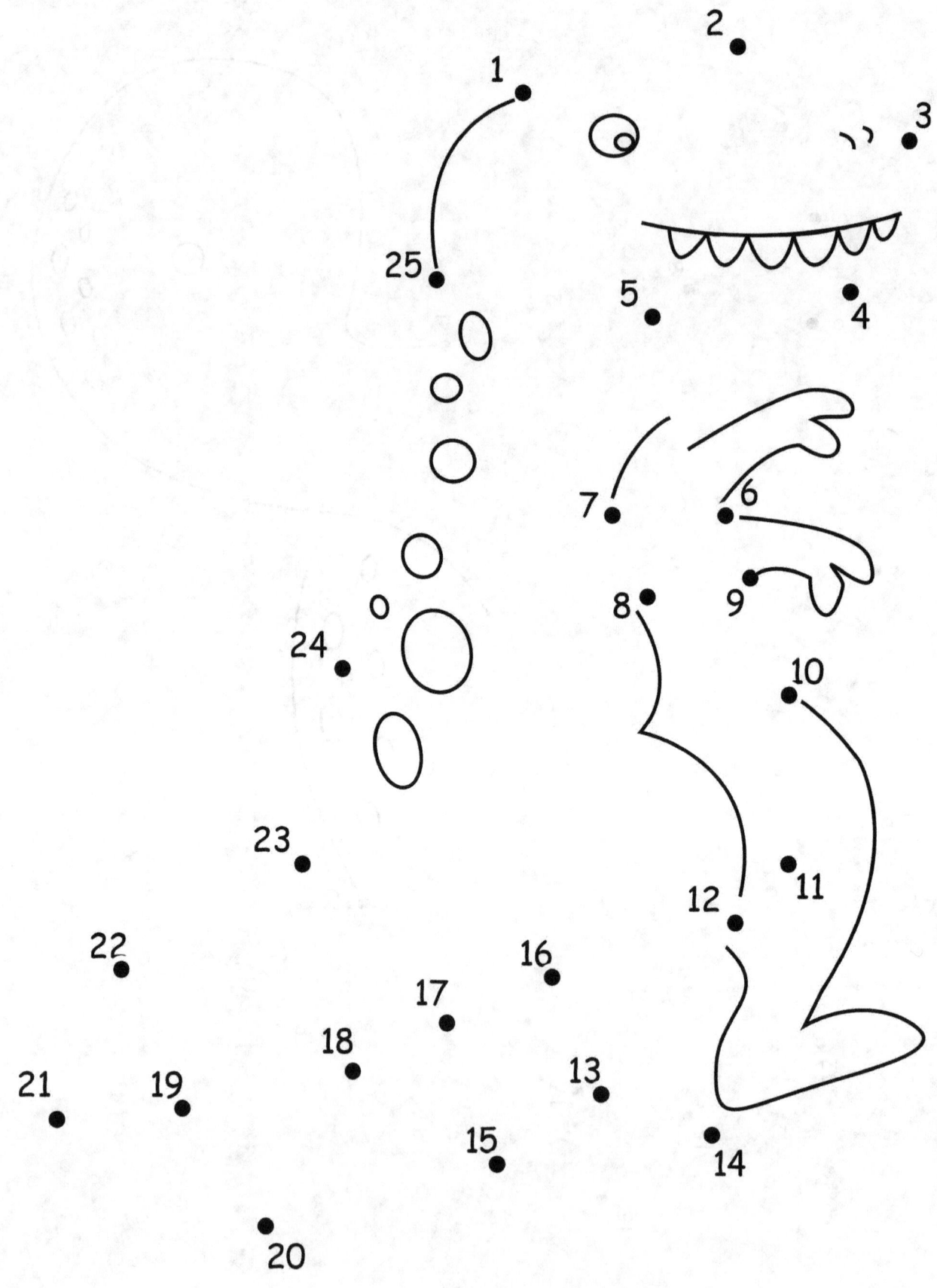

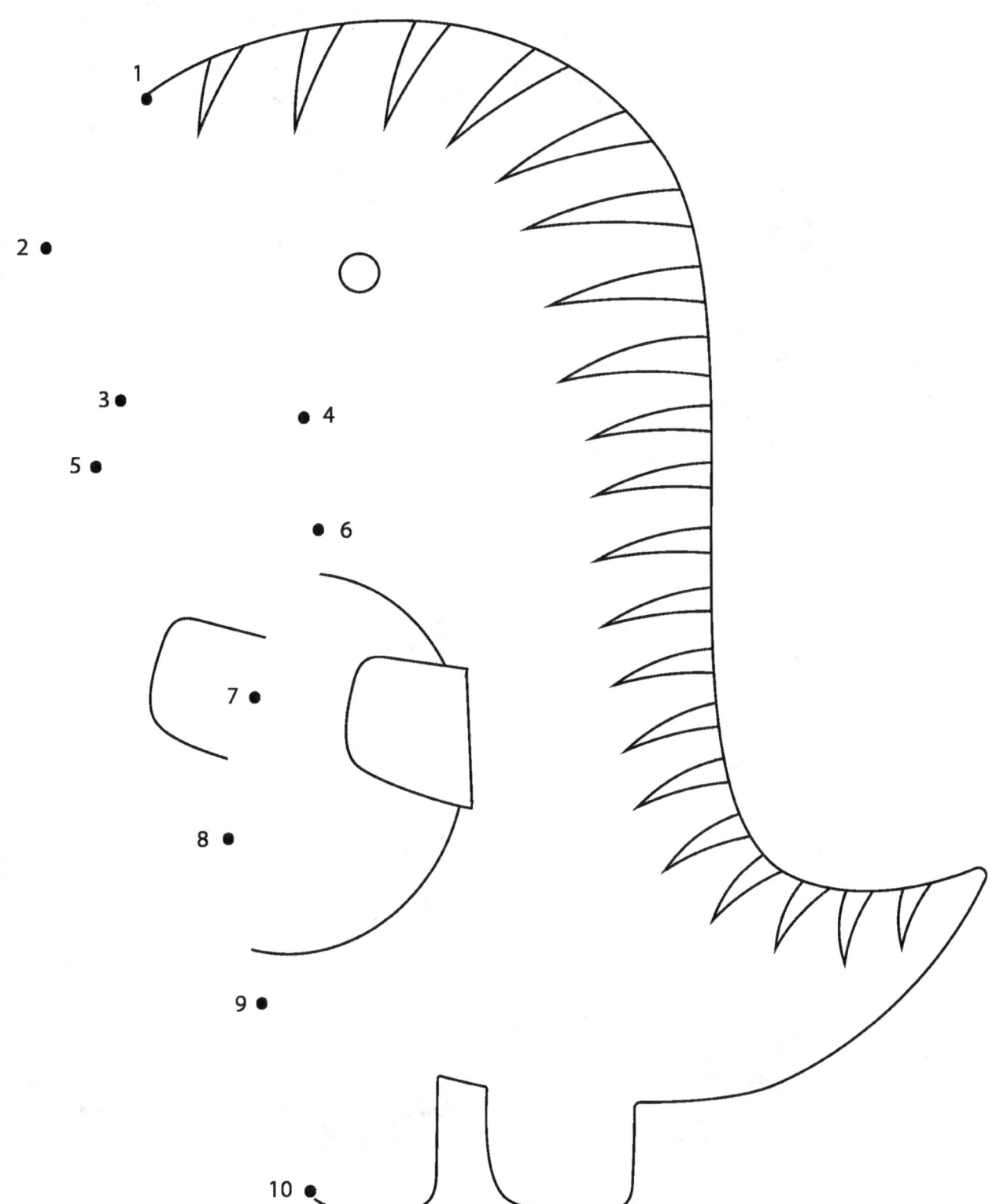

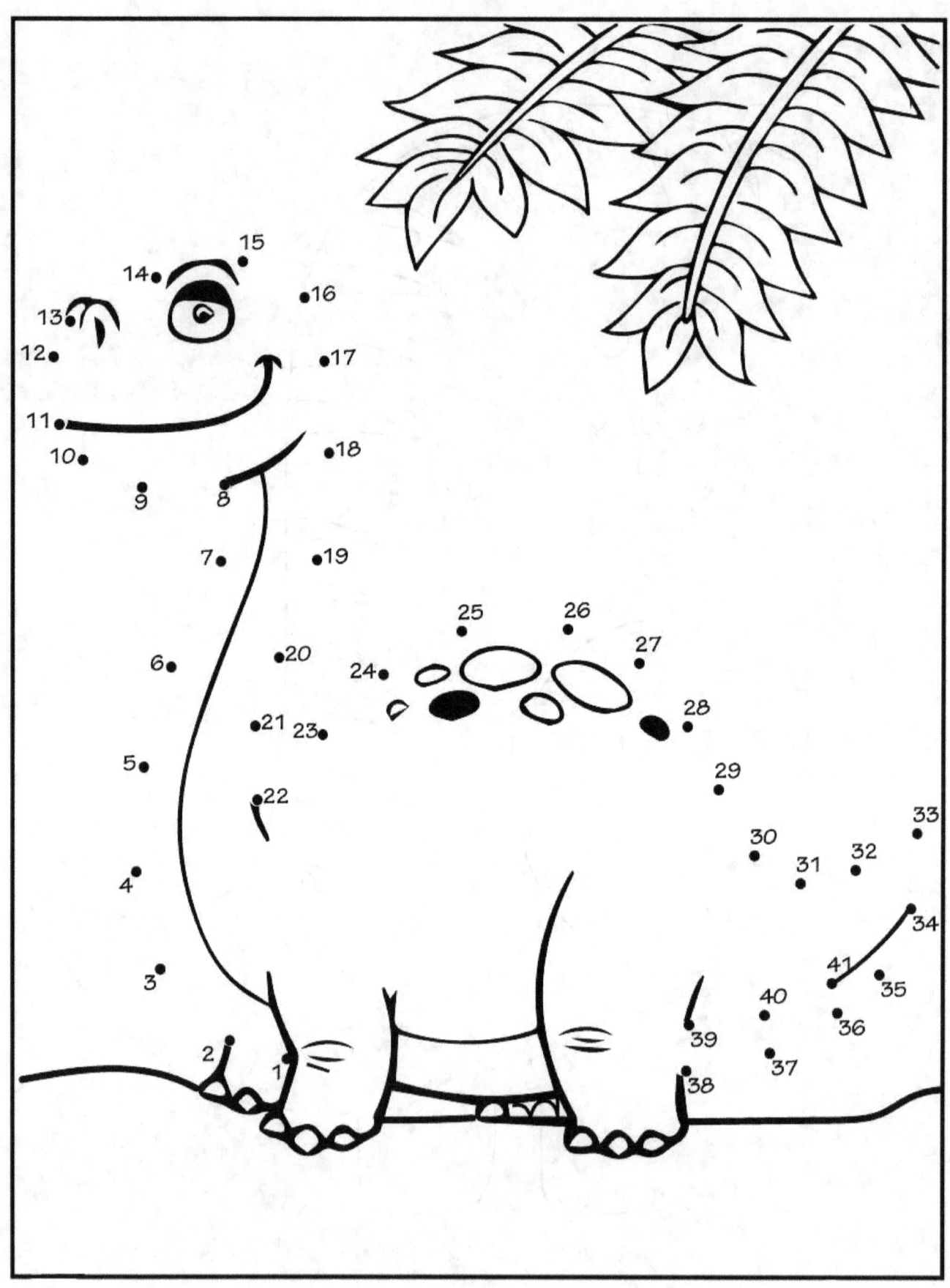

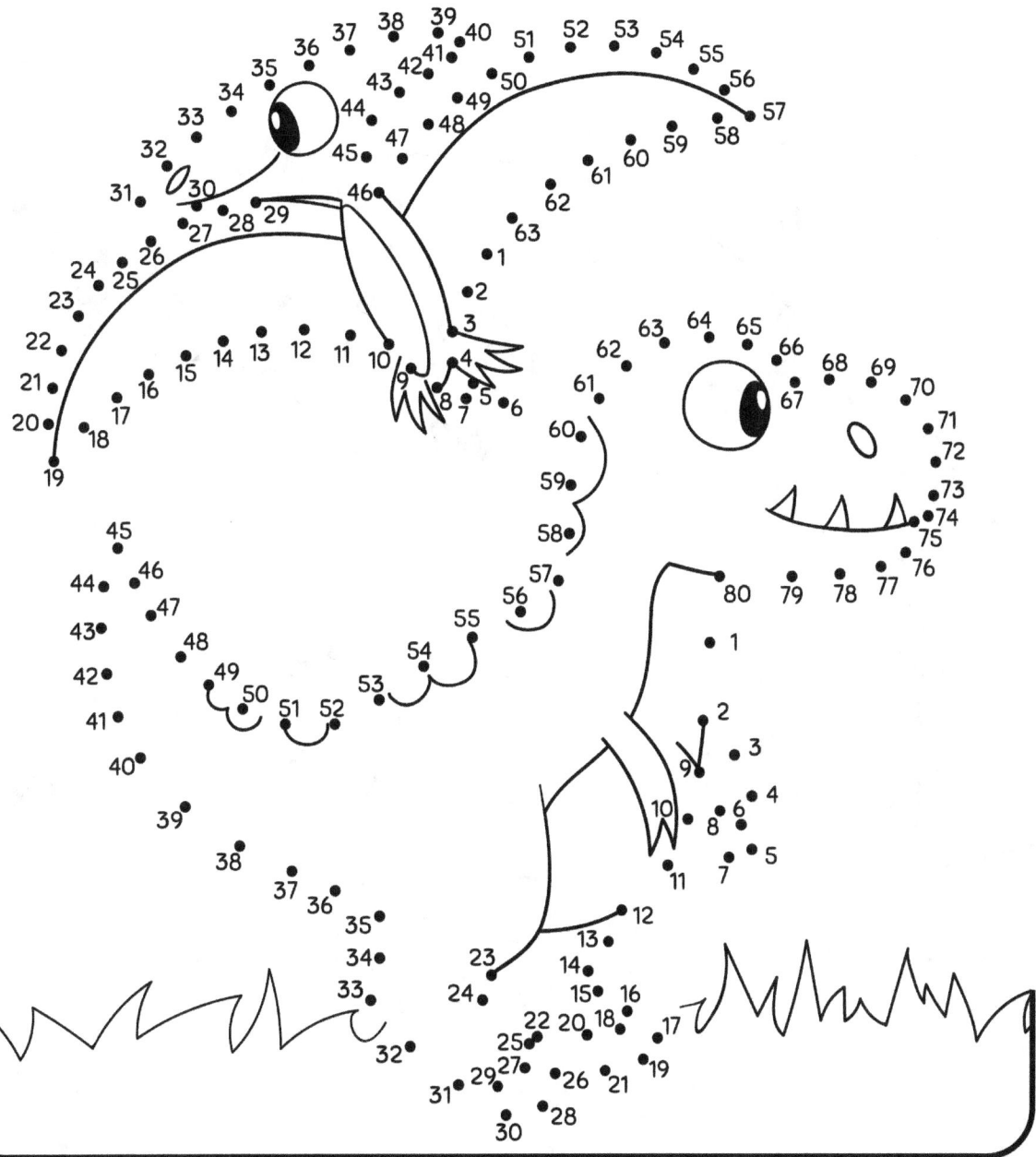

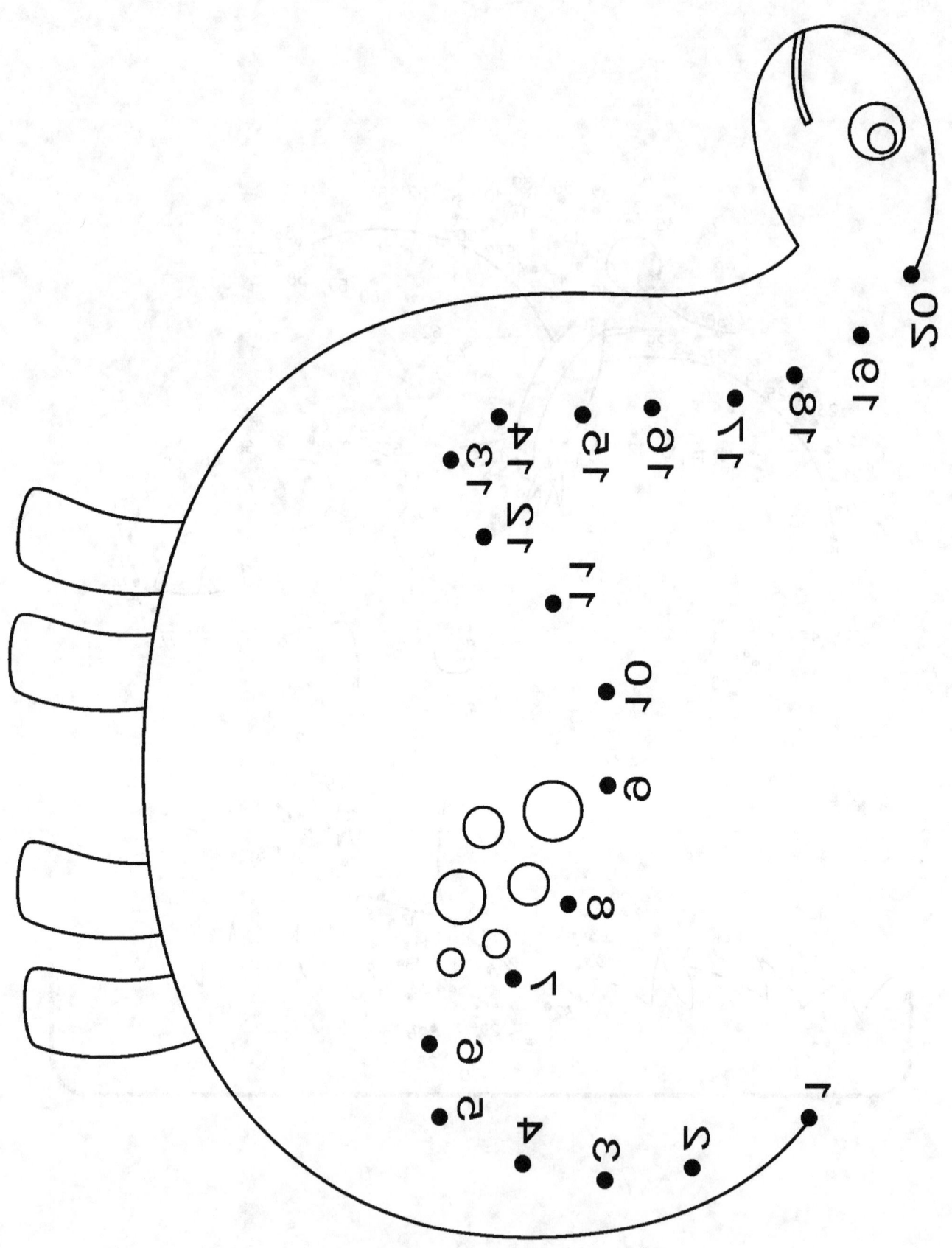

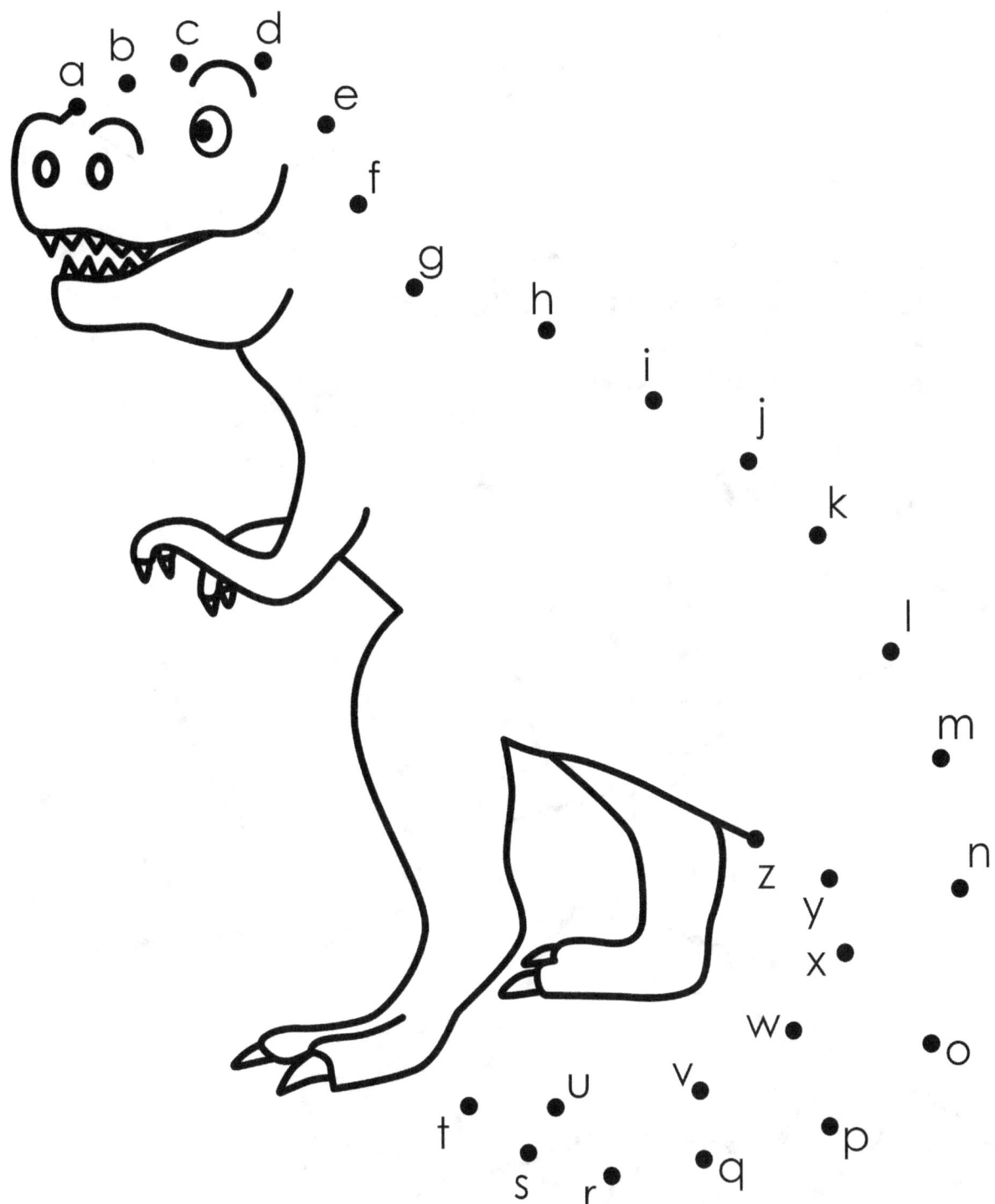

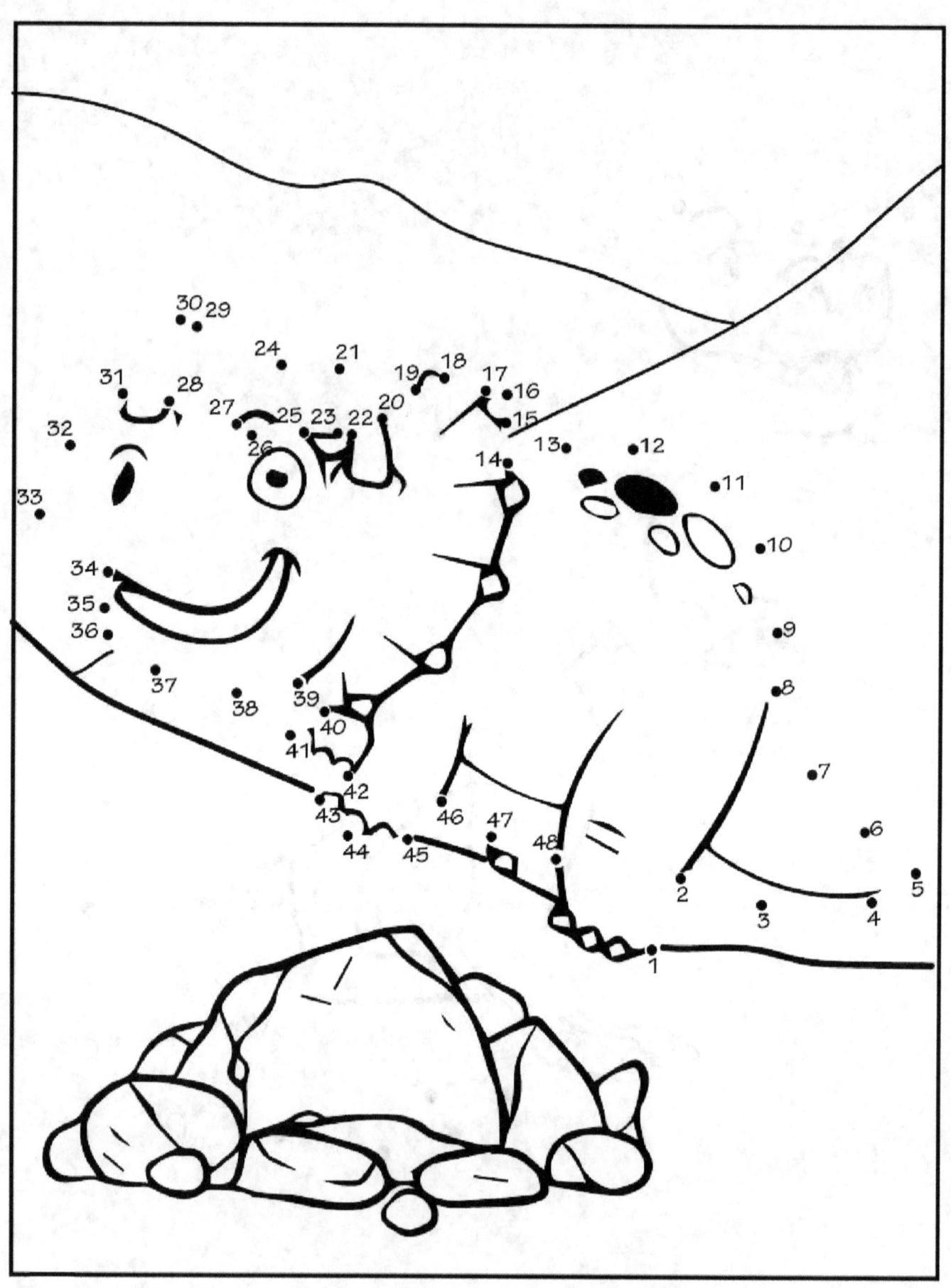

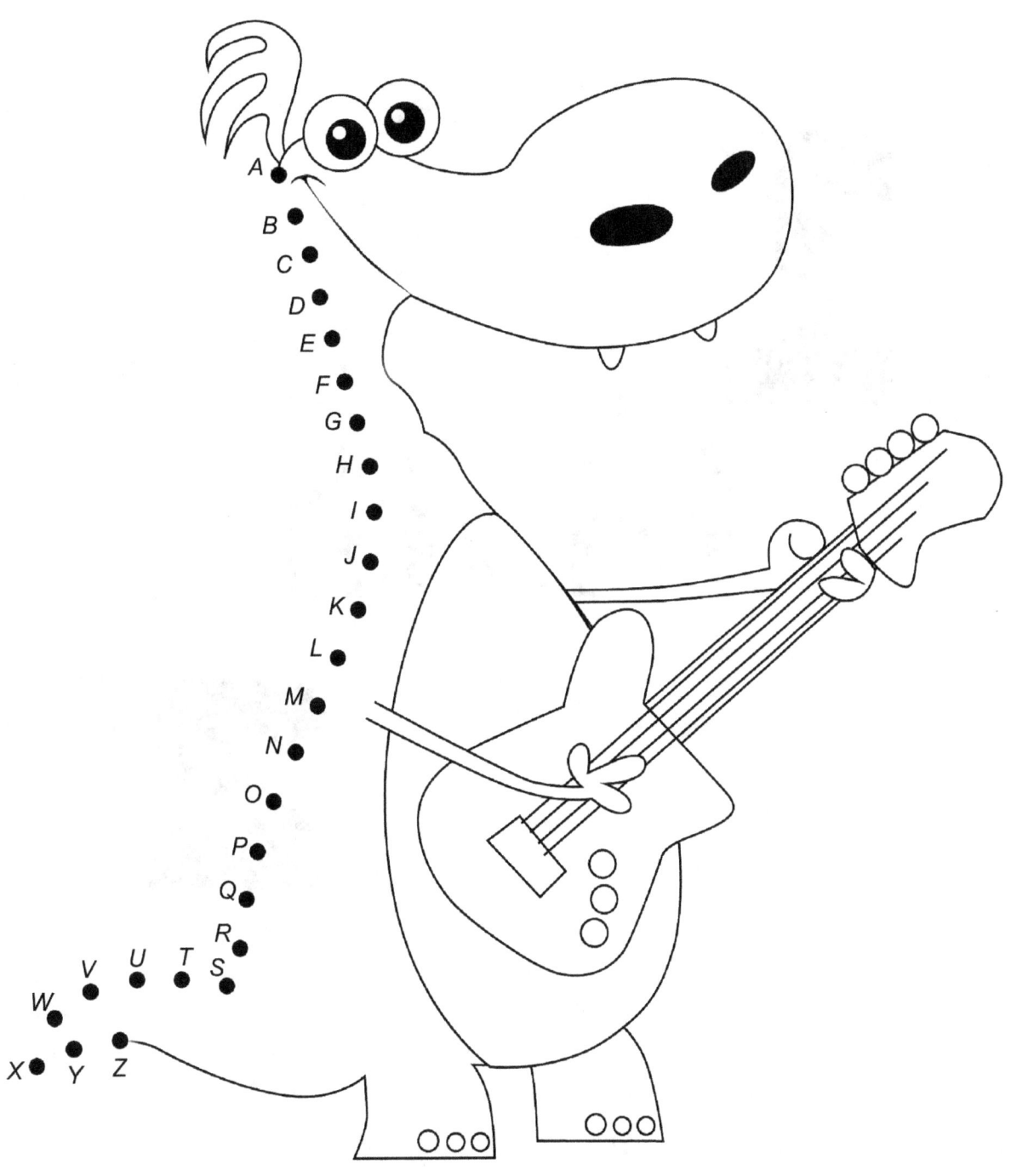

1 Math 2

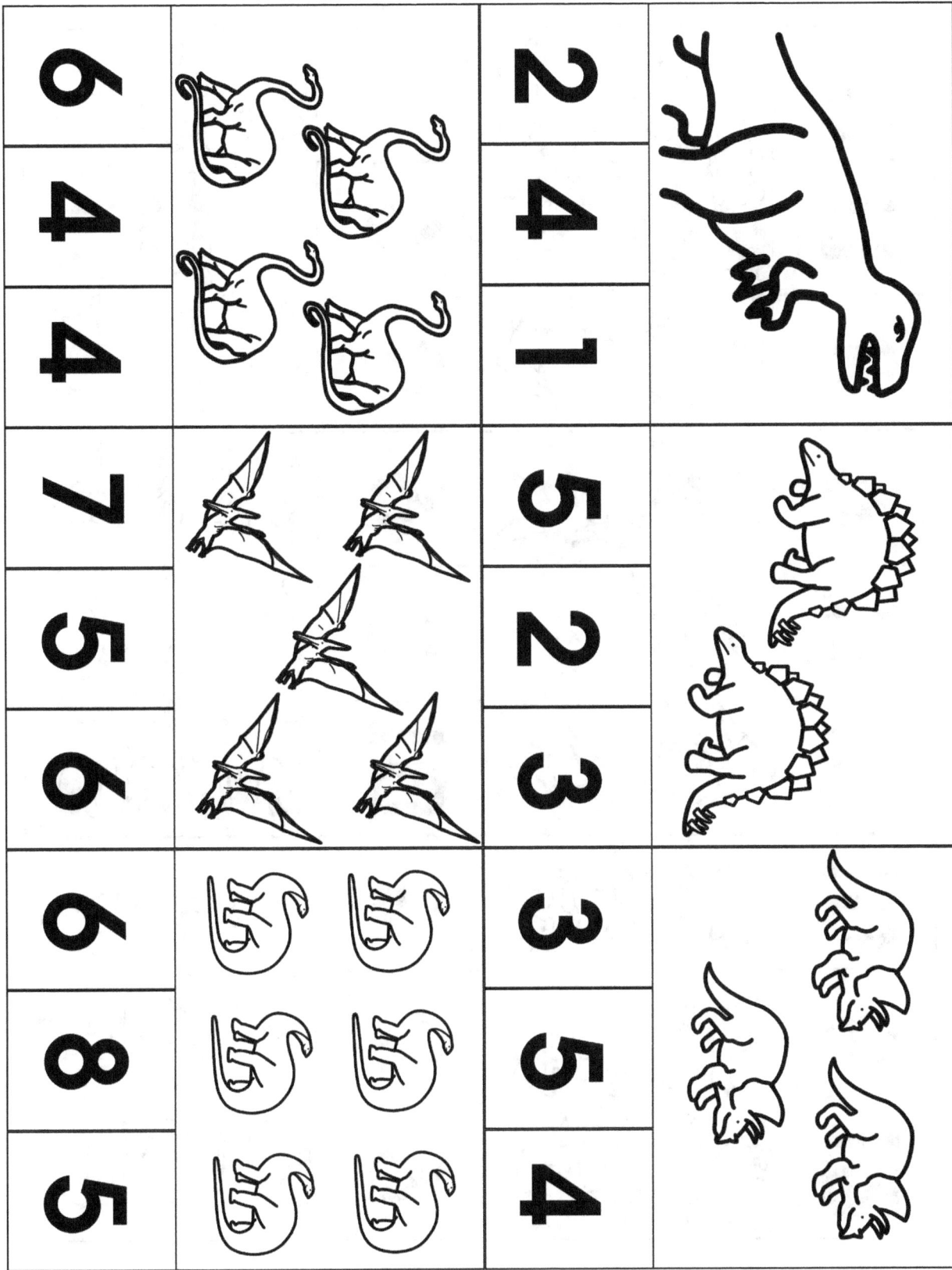

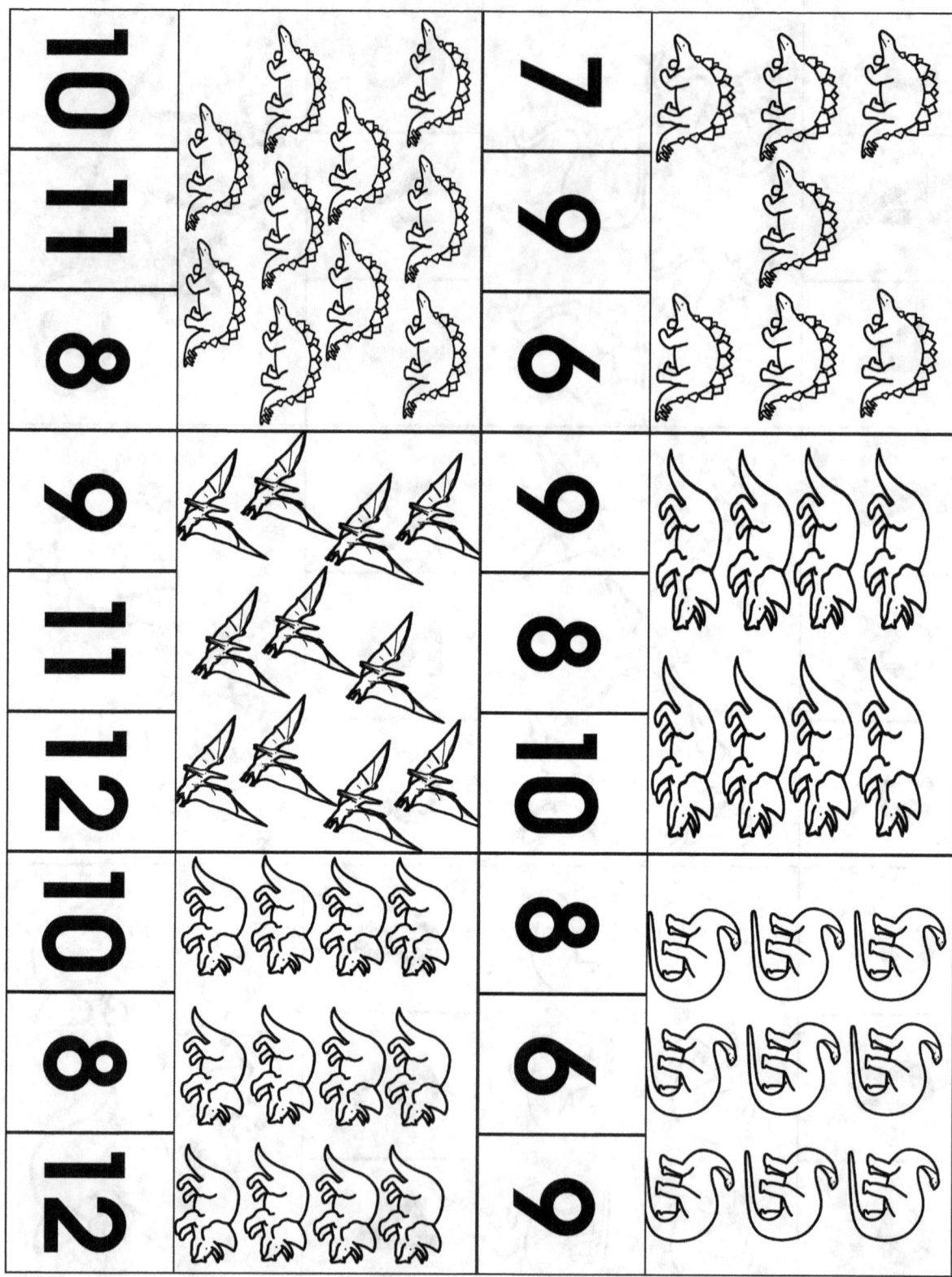

Use the number lines to add. Write the answers in the boxes.

6 + 2 = ☐

3 + 4 = ☐

7 + 3 = ☐

5 + 5 = ☐

2 + 2 = ☐

0 + 3 = ☐

Use the number lines to add. Write the answers in the boxes.

2 + 3 = ☐
`0 1 2 3 4 5 6 7 8 9 10`

4 + 4 = ☐
`0 1 2 3 4 5 6 7 8 9 10`
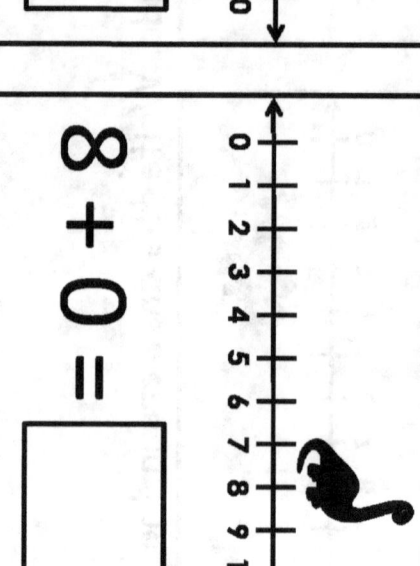

1 + 5 = ☐
`0 1 2 3 4 5 6 7 8 9 10`

7 + 2 = ☐
`0 1 2 3 4 5 6 7 8 9 10`
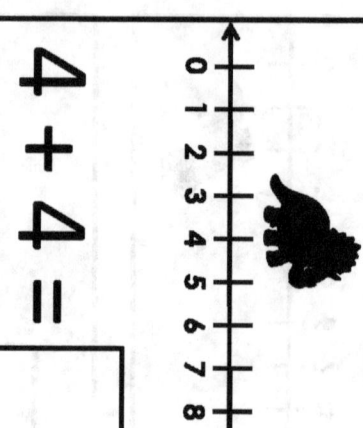

8 + 0 = ☐
`0 1 2 3 4 5 6 7 8 9 10`
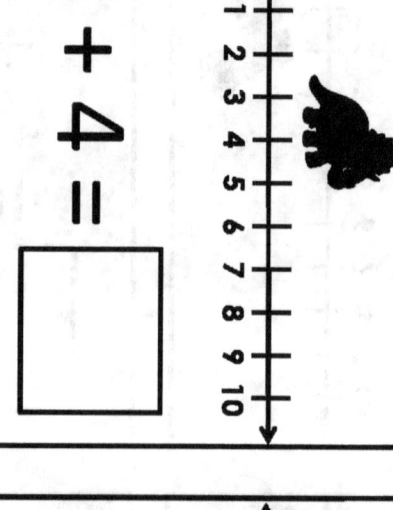

9 + 1 = ☐
`0 1 2 3 4 5 6 7 8 9 10`
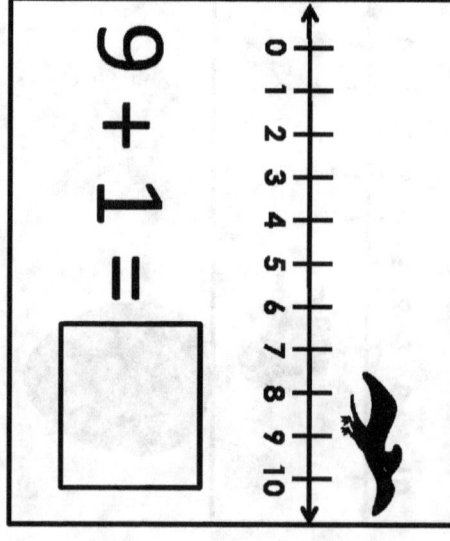

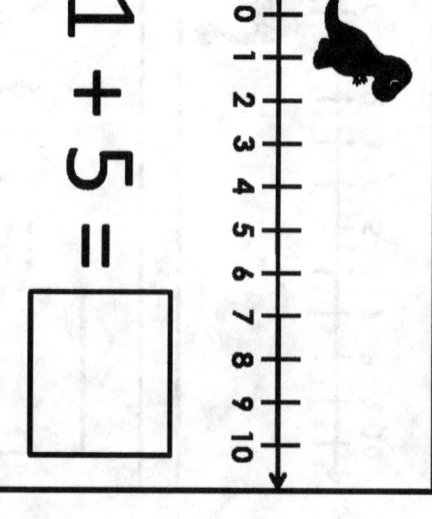

Use the number lines to subtract. Write the answers in the boxes.

7 - 3 = ☐

4 - 2 = ☐

2 - 0 = ☐

9 - 5 = ☐

3 - 3 = ☐

8 - 6 = ☐

Use the number lines to subtract. Write the answers in the boxes.

5 - 4 =

6 - 3 =

8 - 2 =

10 - 6 =

4 - 1 =

9 - 8 =

Alphabet

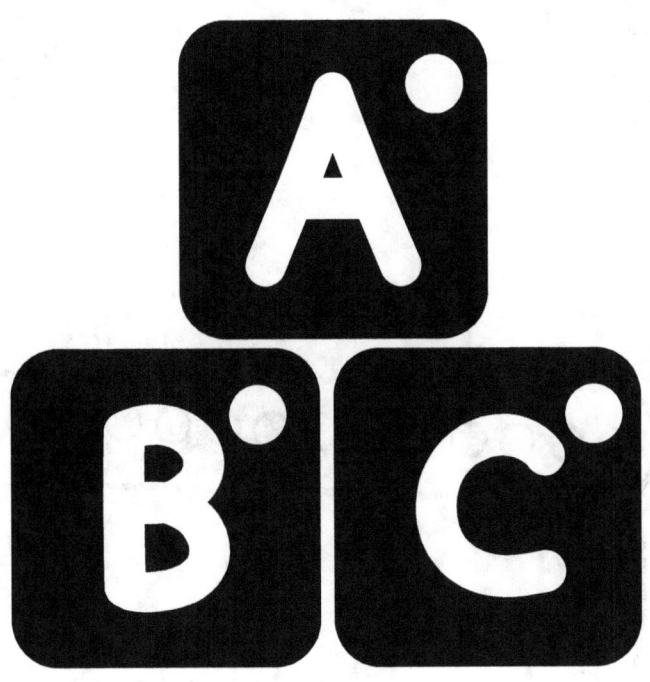

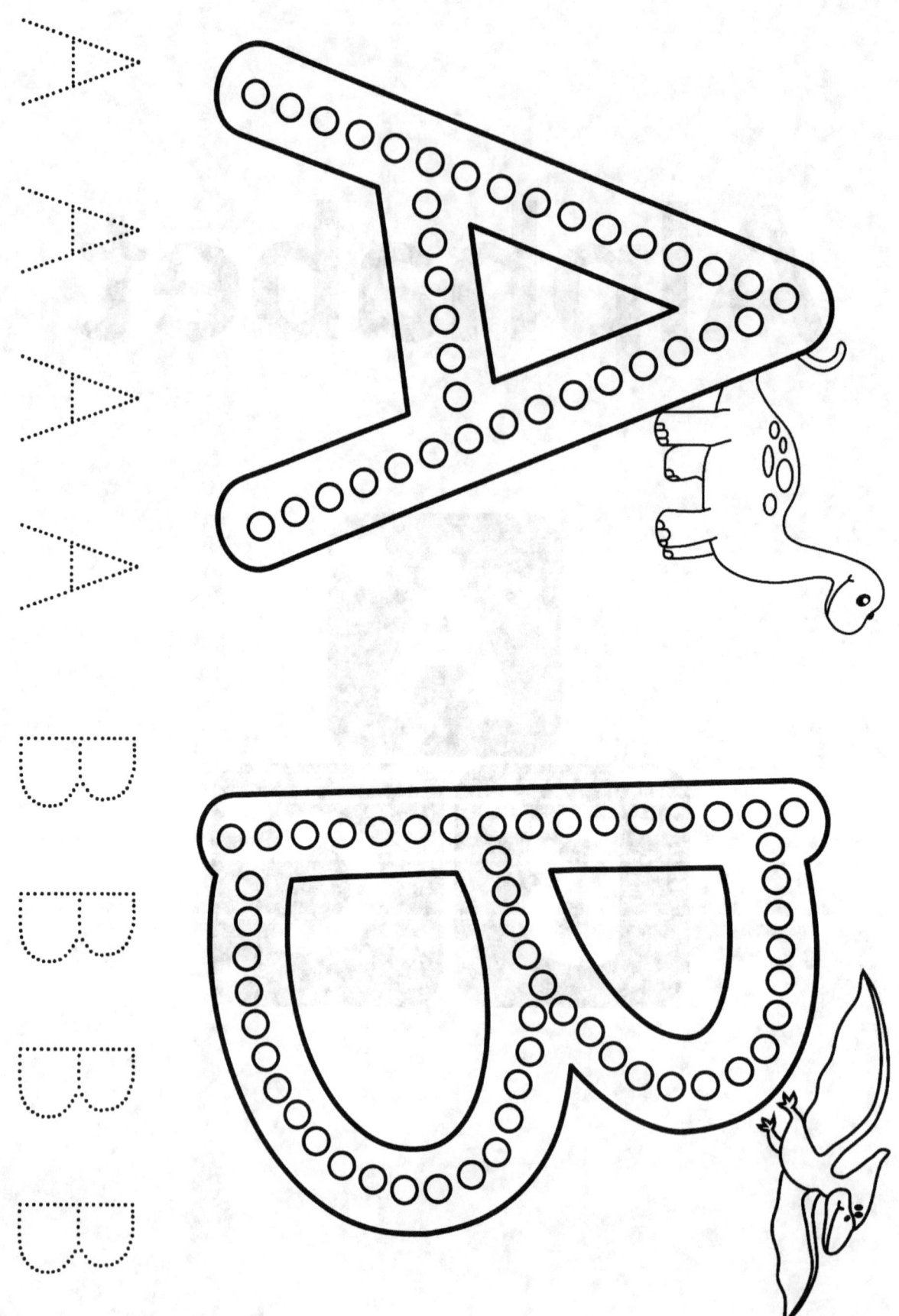

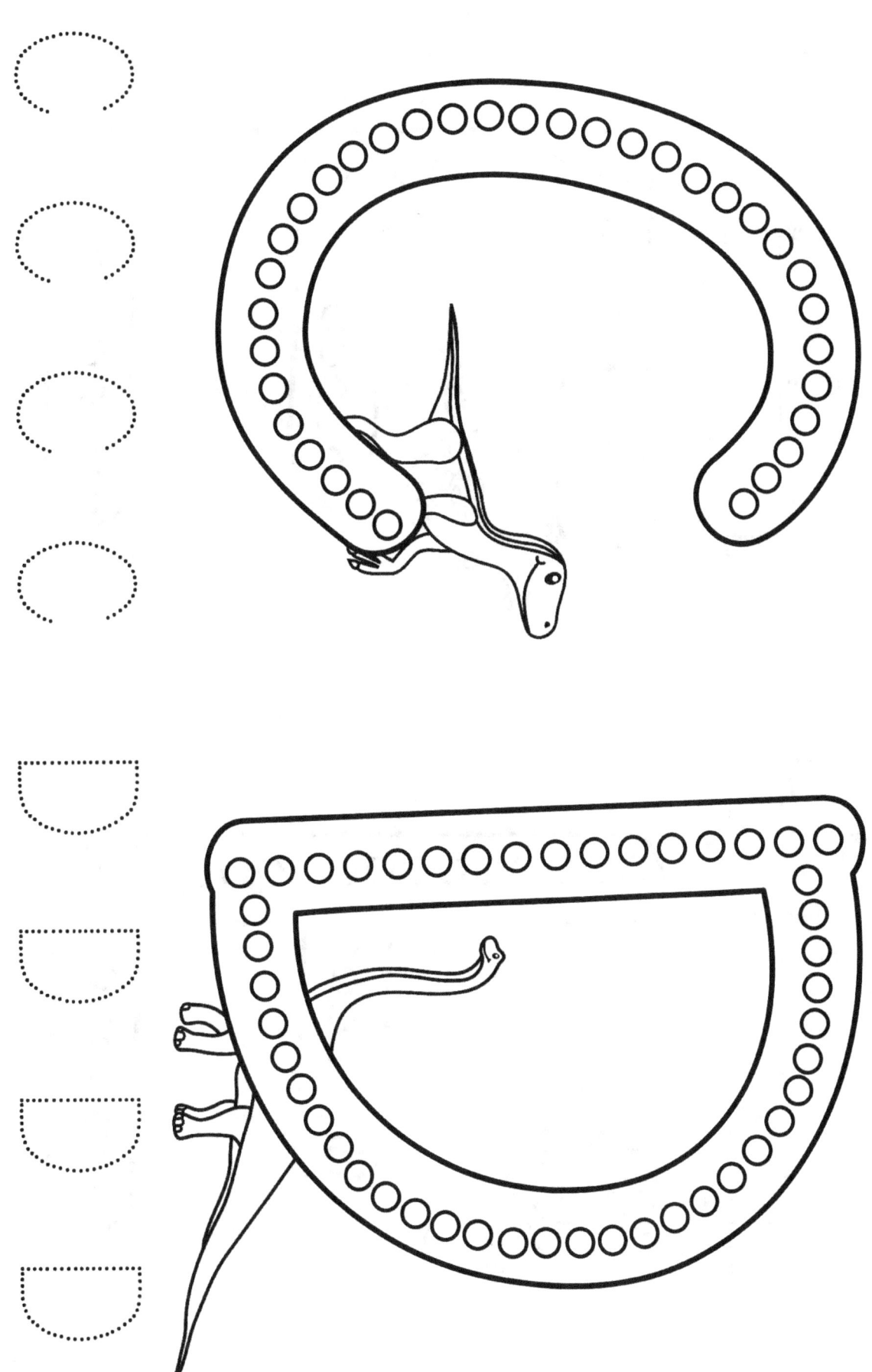

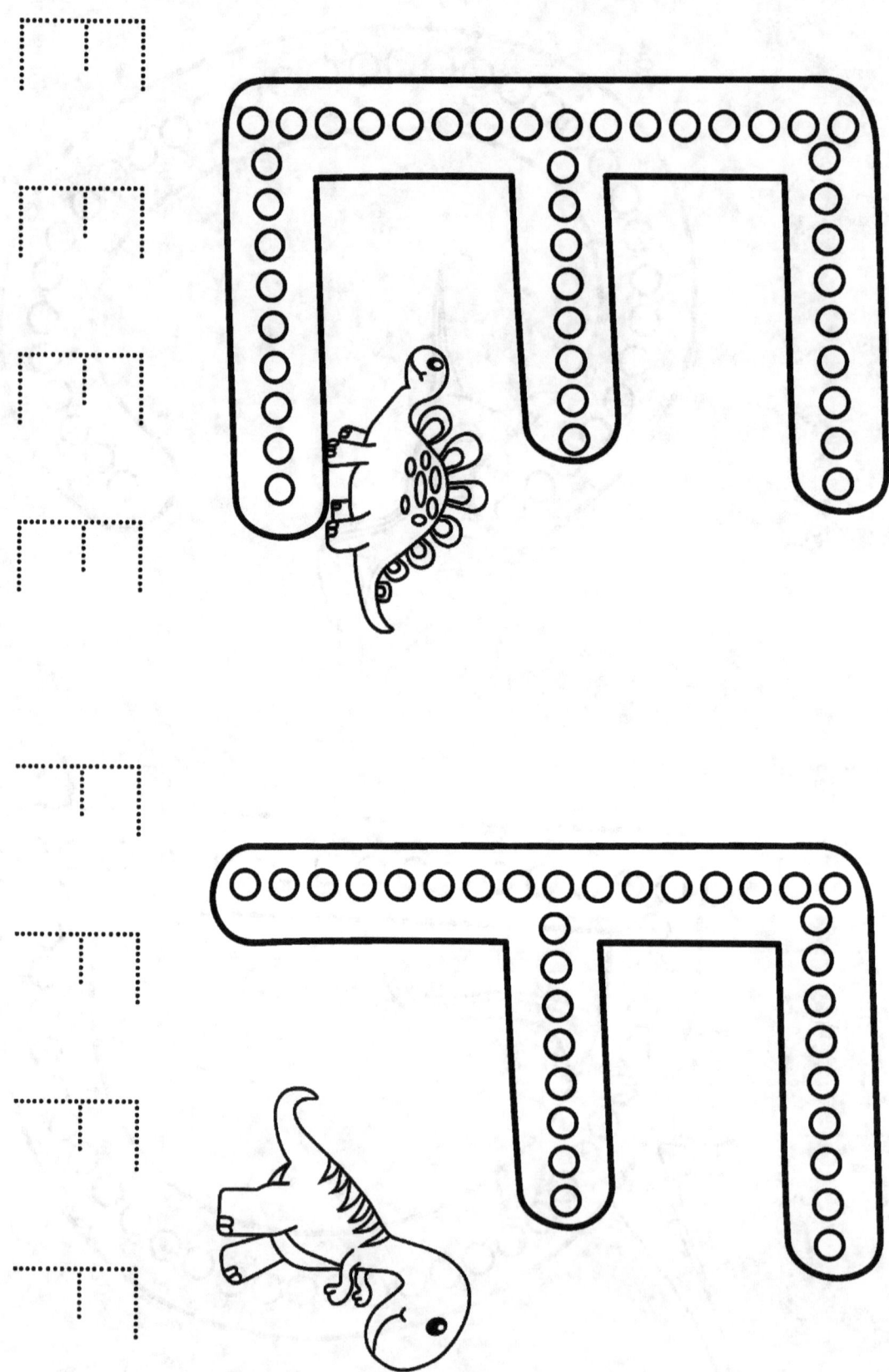

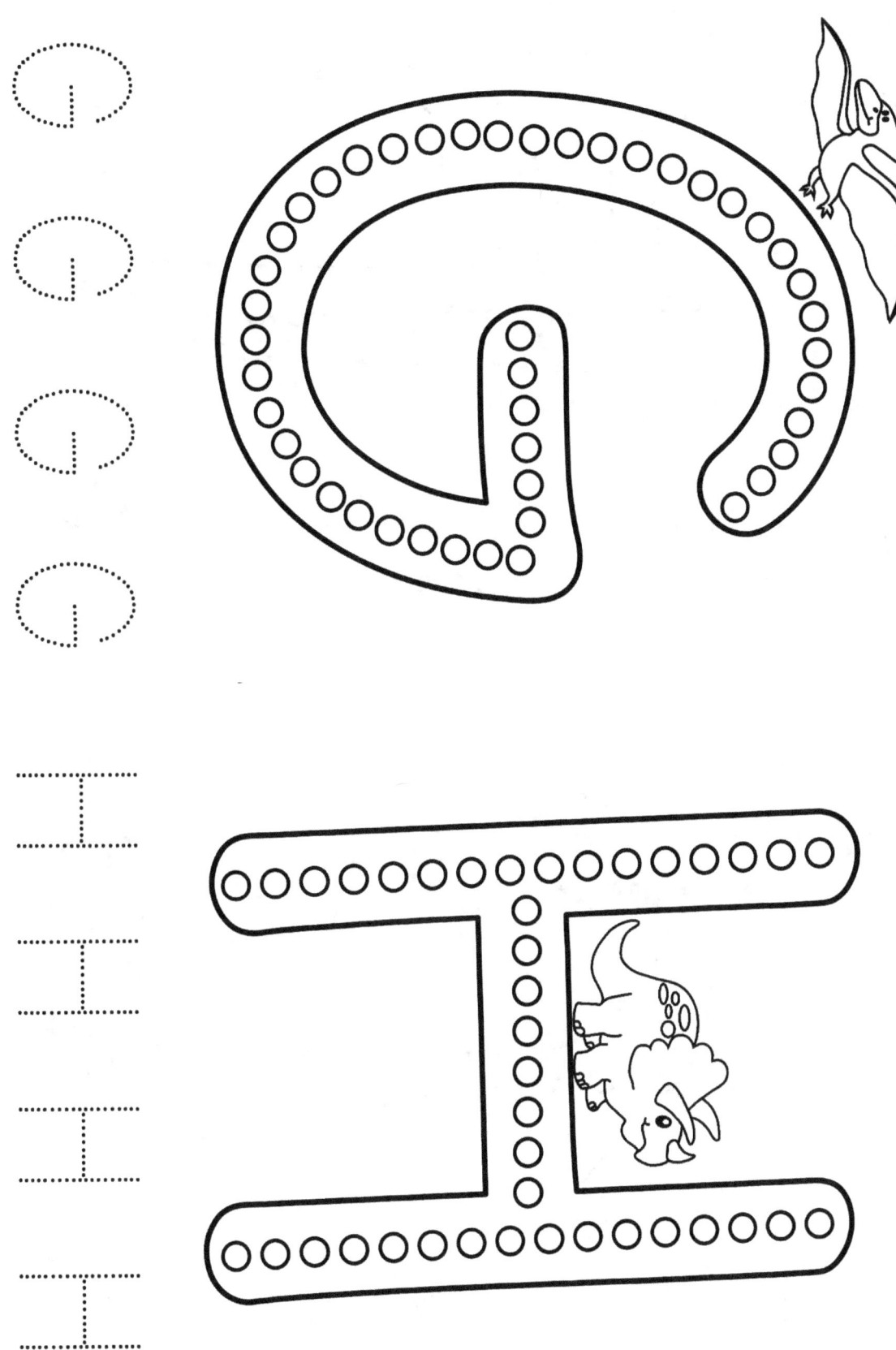

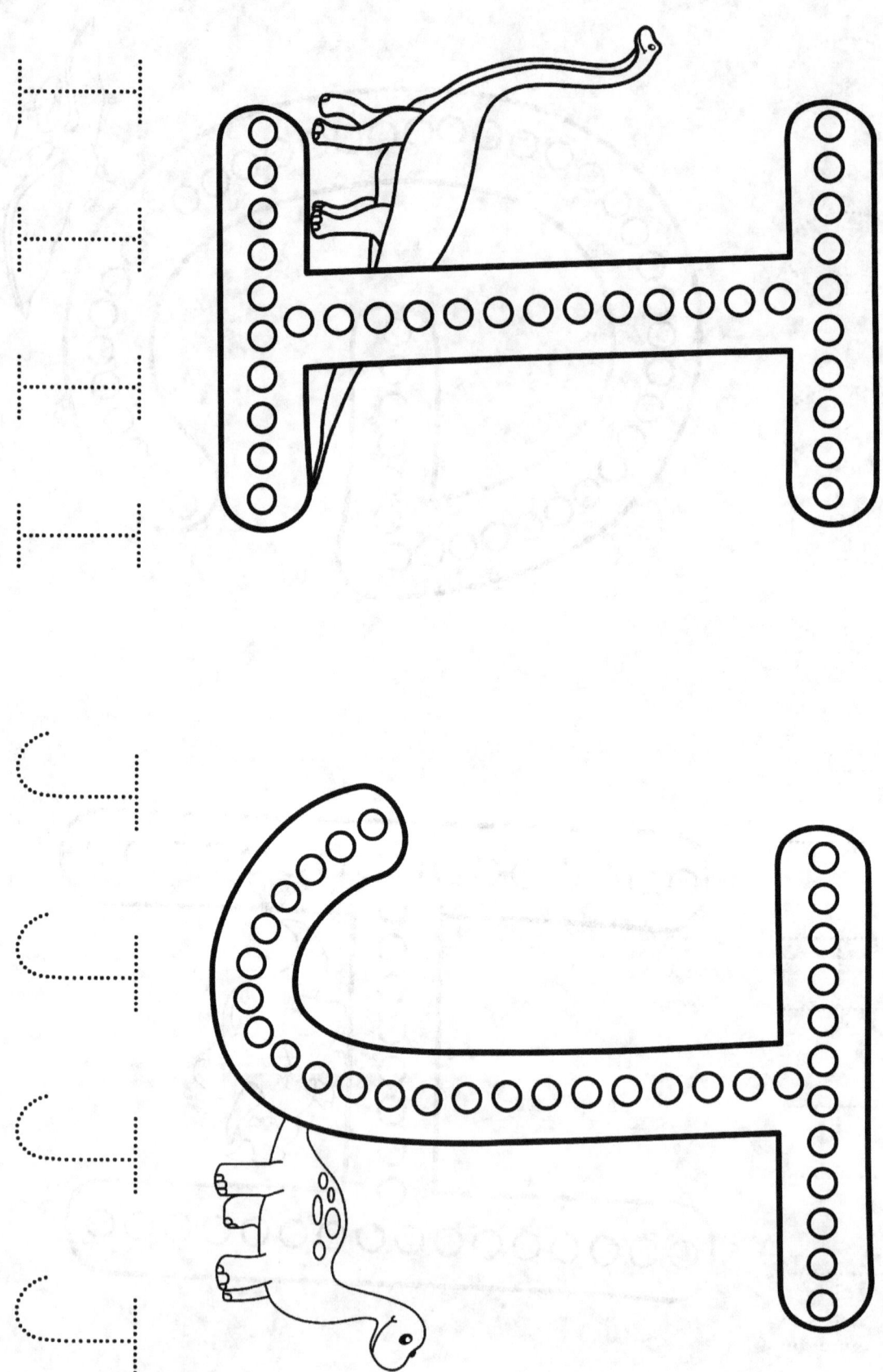

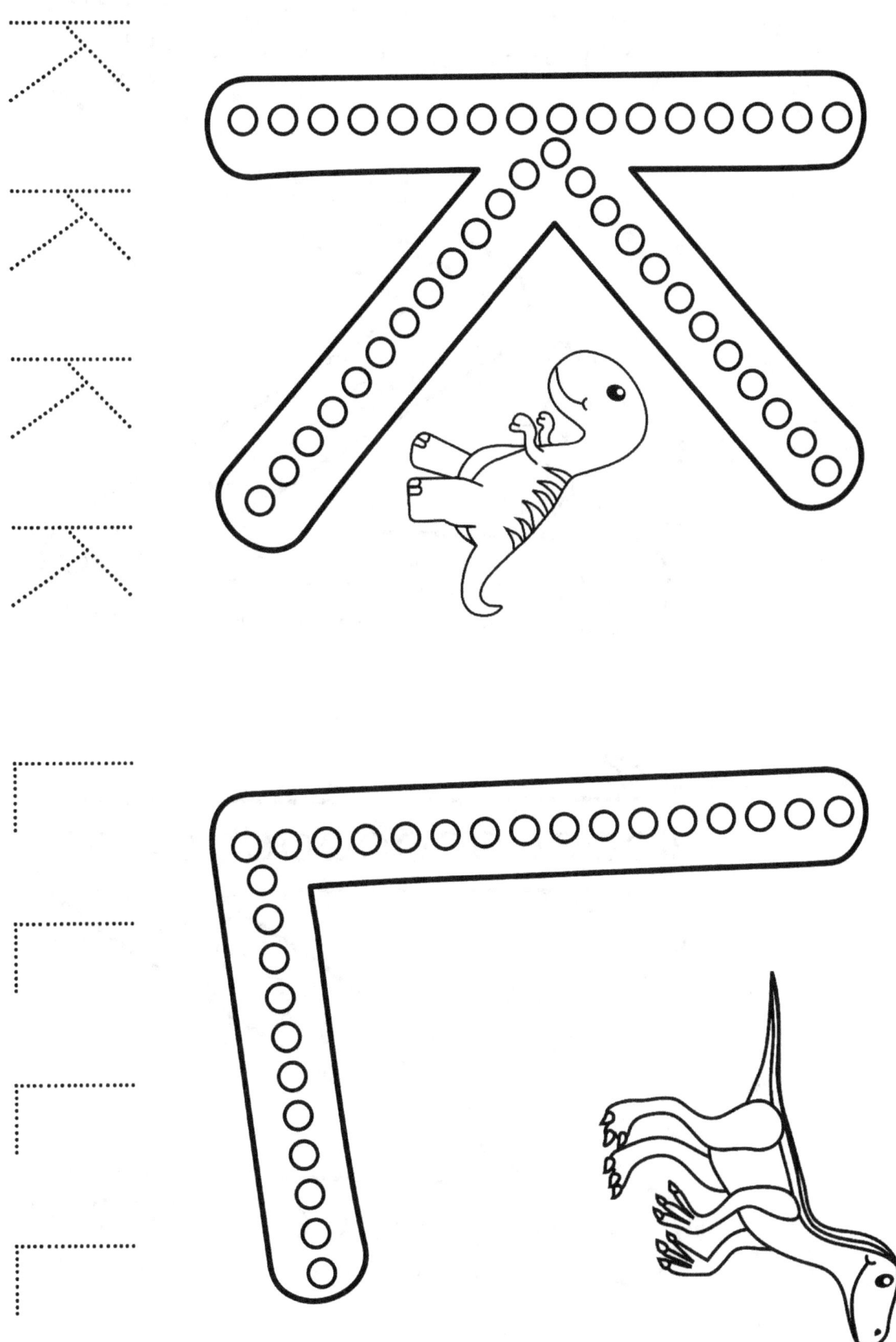

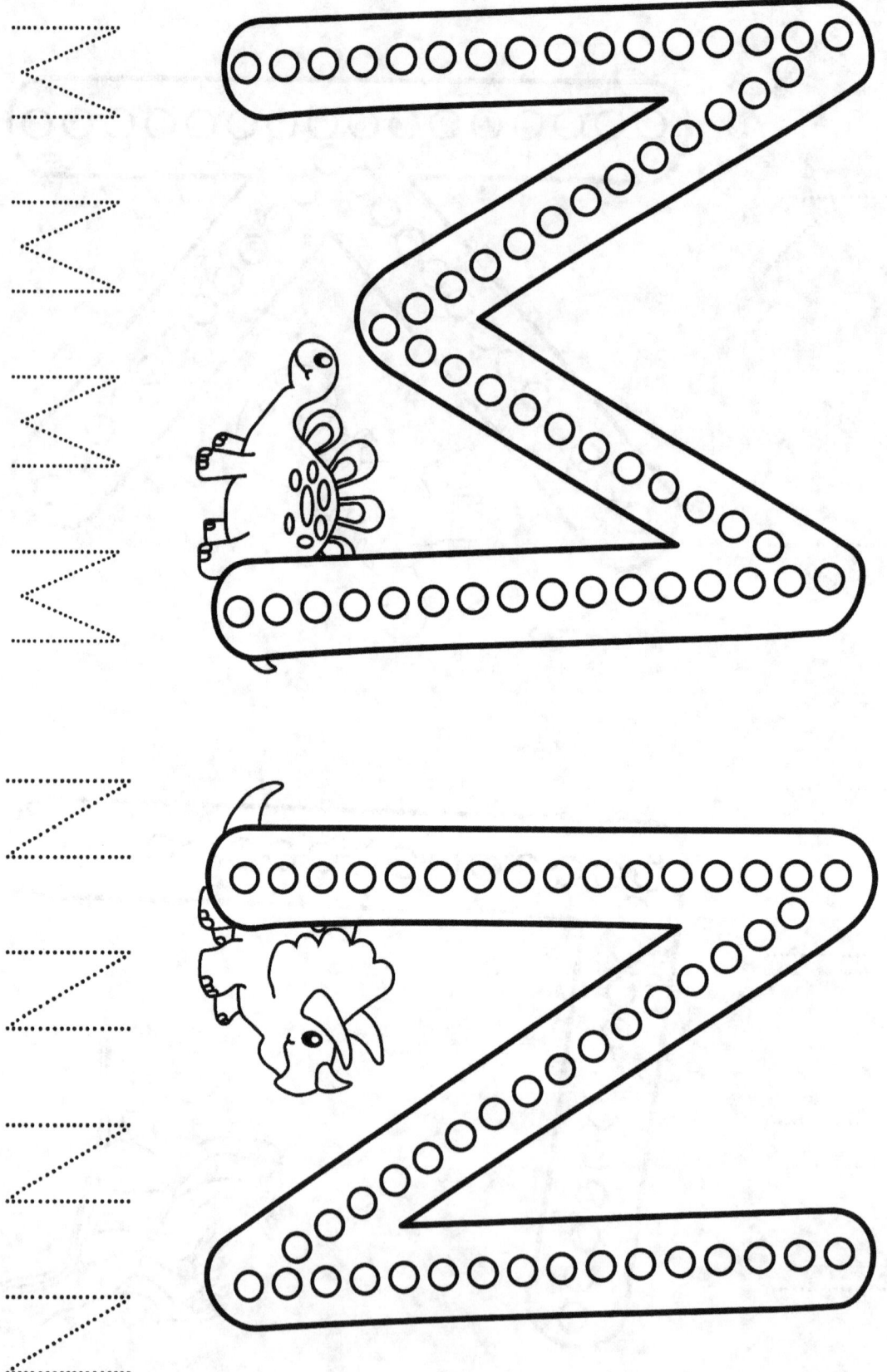

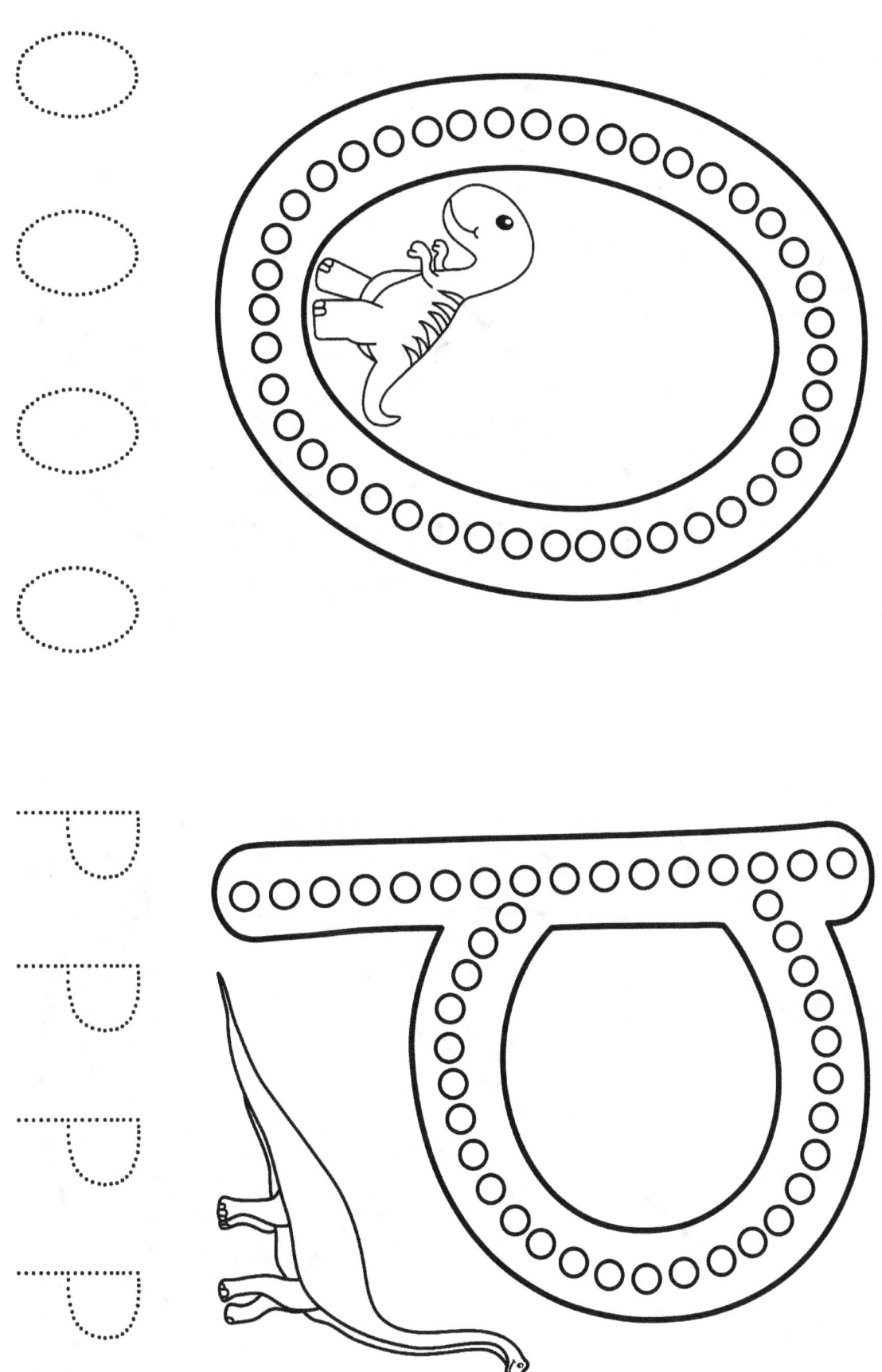

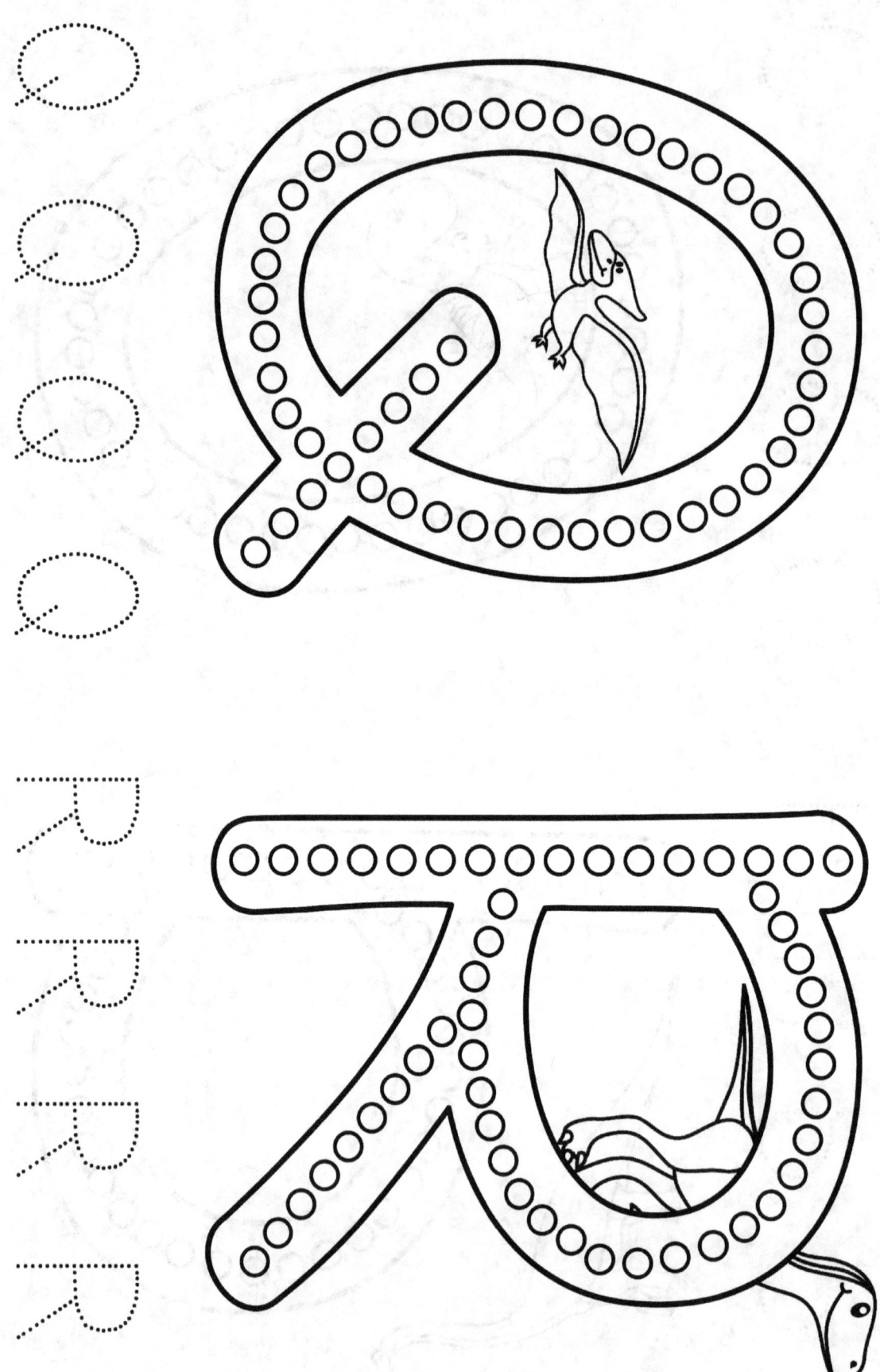

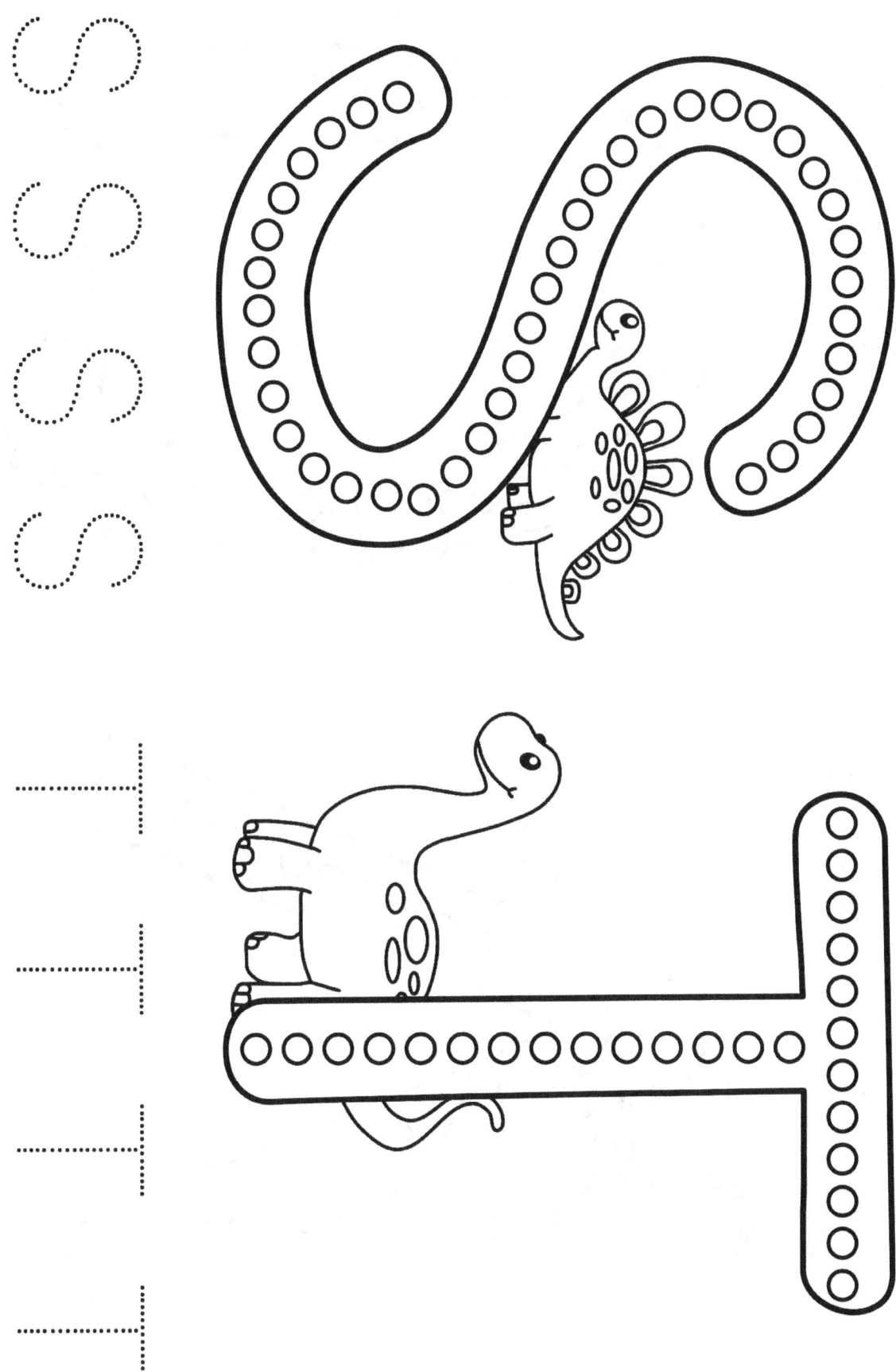

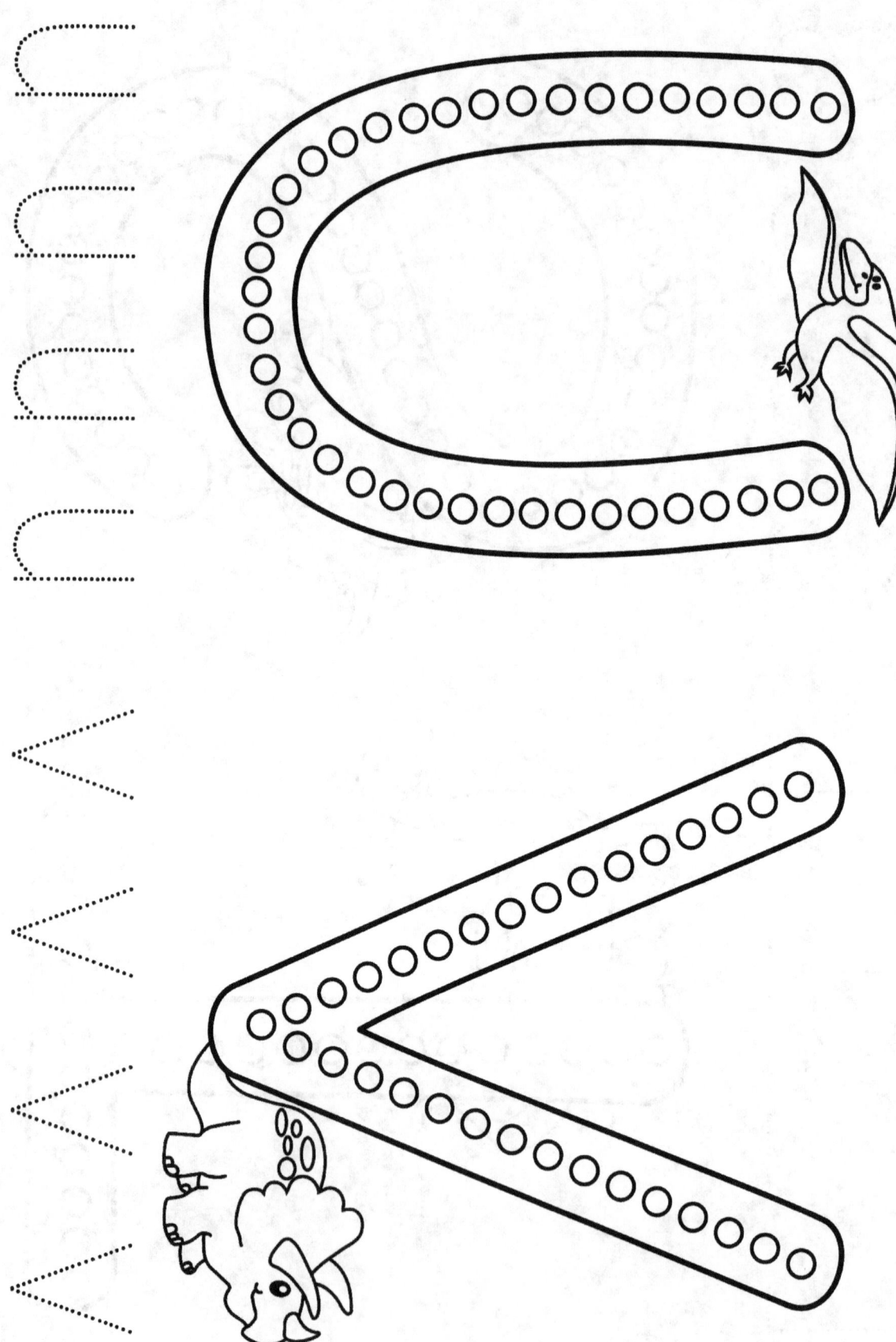

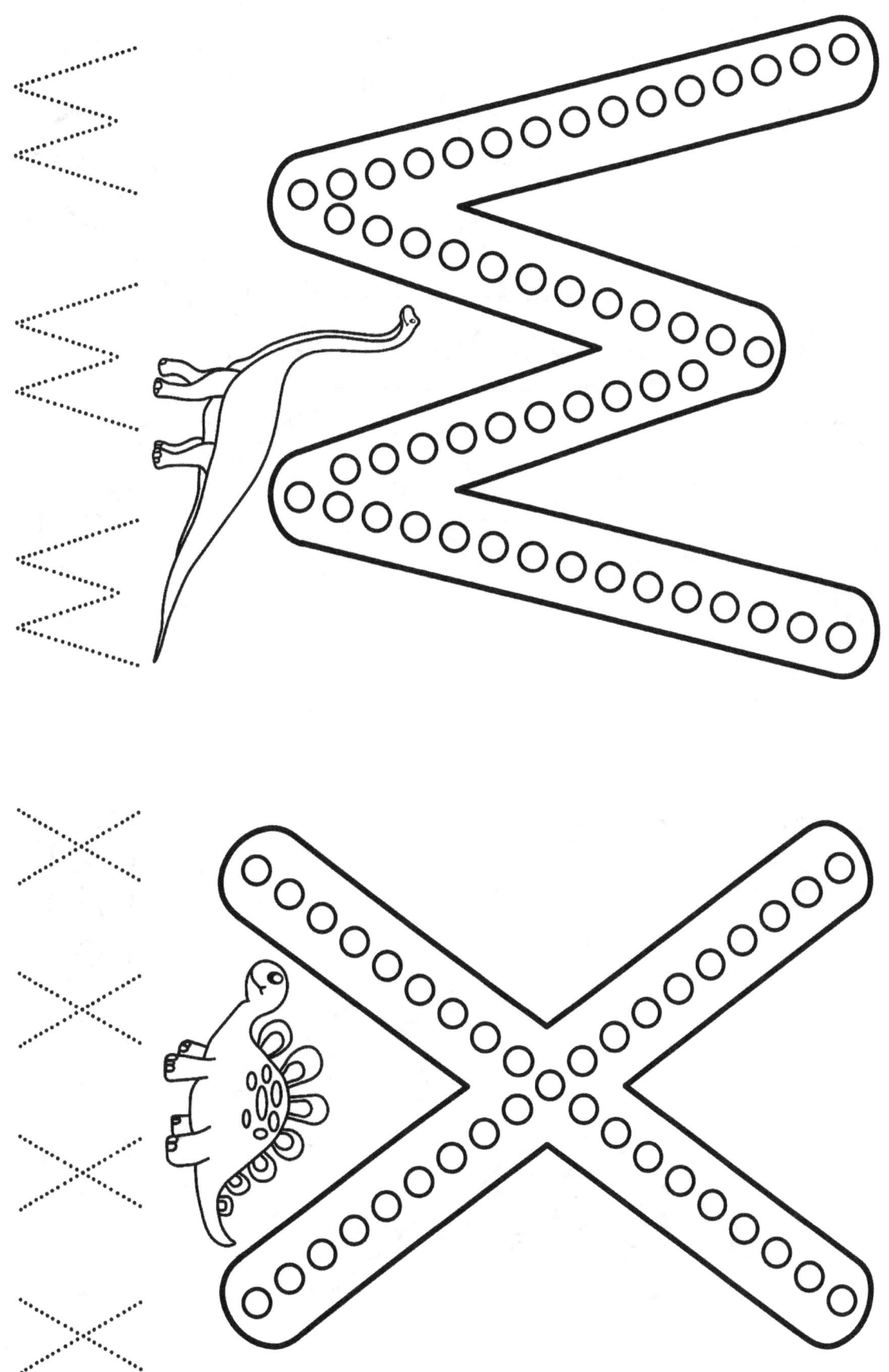

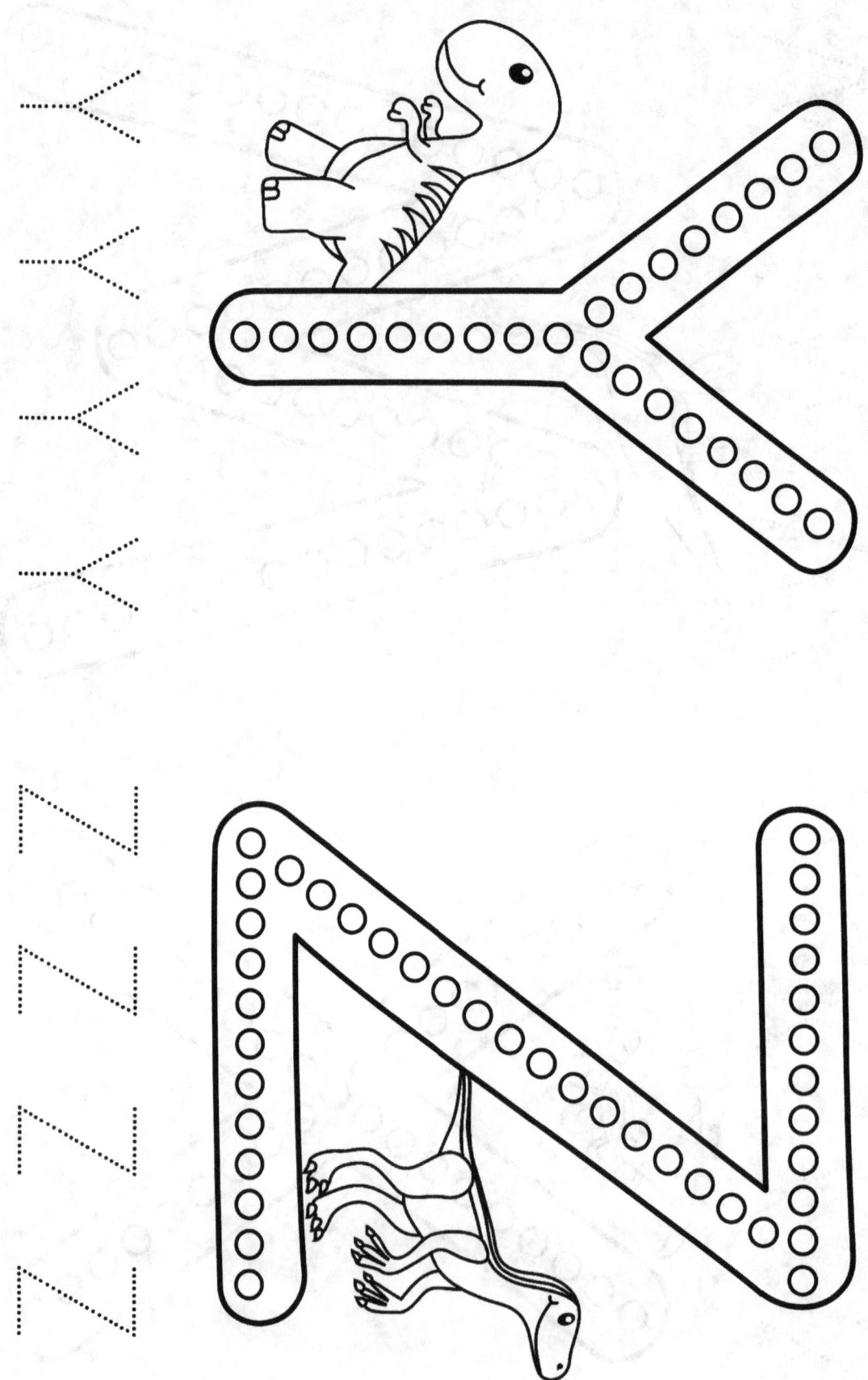

www.ingramcontent.com/pod-product-compliance
Lightning Source LLC
Chambersburg PA
CBHW060420220526
45465CB00008B/2957